ORDONNANCE DU ROY,

Portant règlement général concernant les Hôpitaux militaires.

Du premier Janvier 1747.

A PARIS,

DE L'IMPRIMERIE ROYALE.

M. DCCXLVII.

TABLE DES TITRES
DU REGLEMENT.

ORDONNANCE

ORDONNANCE
DU ROY,

Portant règlement général concernant les Hôpitaux militaires.

Du premier Janvier 1747.

DE PAR LE ROY.

LE ROY voulant raſſembler en un ſeul corps les diſpoſitions des ordonnances & règlemens concernant les Hôpitaux militaires, & ſuppléer à ce qui a paru y manquer, Sa Majeſté a ordonné & ordonne ce qui ſuit.

TITRE PREMIER.

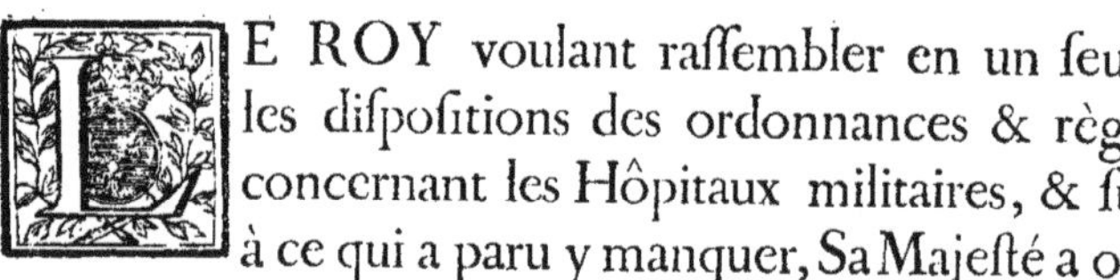

De la réception des Soldats, Cavaliers & Dragons aux Hôpitaux.

ARTICLE PREMIER.

AUCUN Soldat, Cavalier ou Dragon ne ſera reçu dans les Hôpitaux militaires du Roy, ſans un billet ſigné par ſon Capitaine ou par l'Officier commandant la compagnie en

A

ſon abſence, contenant ſon nom de famille & de guerre, ſes qualités de Sergent, Caporal, Anſpeſſade, Grenadier, Canonnier, Bombardier, Mineur, Ouvrier, Soldat, Briga-dier, Carabinier, Cavalier, Dragon ou Huſſard, le lieu de ſa naiſſance, l'élection, bailliage, ſénéchauſſée ou châ-tellenie dans le reſſort deſquels ledit lieu ſera ſitué. Ce billet ſera contenu dans un cartouche imprimé, il ſera viſé par un des officiers chargez du détail.

I I

Le billet ſera écrit d'une écriture liſible, & contiendra les noms, qualités & lieux de naiſſance ci-deſſus, à peine de payer par le Capitaine le traitement en entier du ma-lade ou bleſſé.

I I I.

Chaque Soldat, Cavalier ou Dragon entrant dans l'hôpital, fera viſer ſon billet par le Contrôleur dudit hô-pital, s'il y a un Contrôleur, ou au défaut du Contrôleur, par le Commiſſaire des guerres ou par le Major de la place où l'hôpital ſera ſitué, & le remettra enſuite à l'entrepre-neur ou directeur, qui l'enregiſtrera & le gardera comme pièce juſtificative de la réception du Soldat, Cavalier ou Dragon à l'hôpital.

I V.

Dans le cas où les troupes étant en marche, elles laiſſeroient en arrière des traîneurs qui ſe trouvant malades, ne pourroient prendre de leur Capitaine des billets d'entrée dans la forme ci-deſſus, les Commiſſaires des guerres, ou les Subdélégués des Intendans des provinces en l'abſence des Commiſſaires des guerres, ou enfin, au défaut de ces derniers, les Commandans ou Majors des places dans leſ-quelles ou près deſquelles leſdites troupes auront paſſé, expédieront ſur les mêmes cartouches qui leur ſeront four-nis, les billets d'entrée, qu'ils ſigneront pour les Capitaines, Majors ou autres officiers chargez du détail du régiment, & ils en donneront ſur le champ avis à l'un de ces officiers.

3

V.

IL en fera ufé de même par les Commiffaires des guerres, Subdélégués & Majors des places, à l'égard des Soldats, Cavaliers ou Dragons abfens par congés ou fortant des hôpitaux, qui tomberont ou retomberont malades en revenant joindre leur corps.

V I.

DÉFEND Sa Majefté auxdits Commiffaires des guerres, Majors des places ou Subdélégués des Intendans, d'expédier aucun billet d'entrée à l'hôpital à aucun Soldat, Cavalier ou Dragon dont la compagnie ne fera point en garnifon dans la place, ou en quartier dans les environs, ou qui n'y aura point paffé en route, à moins que ledit Soldat, Cavalier ou Dragon ne foit porteur d'un billet de fortie d'un hôpital, ou d'un congé limité expédié en la forme prefcrite par l'ordonnance du 2 juillet 1716.

V I I.

ENJOINT Sa Majefté auxdits Commiffaires des guerres, Majors des places ou Subdélégués, de faire arrêter & conftituer prifonnier tout Soldat, Cavalier ou Dragon porteur d'un congé limité, expiré depuis un tems affez confidérable pour le faire préfumer libertin, vagabond ou déferteur; comme auffi tout Soldat, Cavalier ou Dragon porteur d'un billet de fortie d'un hôpital d'ancienne date, & qui ne fe trouvera pas fur la route dudit hôpital pour aller rejoindre fon corps; fauf le cas néanmoins où ledit Soldat, Cavalier ou Dragon juftifieroit d'une excufe légitime, foit par écrit, foit par le témoignage de gens non fufpects.

V I I I.

ENJOINT pareillement Sa Majefté auxdits Commiffaires des guerres, Majors des places ou Subdélégués, de faire arrêter tous Soldats, Cavaliers ou Dragons dont les régimens auront paffé fur la route, & qui fe trouveront en arrière de plus de trois jours; fauf le cas d'une excufe légitime juftifiée comme deffus.

I X.

LESDITS Commiſſaires des guerres, Majors des places & Subdélégués qui auront fait arrêter un ou pluſieurs Soldats, Cavaliers ou Dragons dans les cas exprimez dans les deux articles précédens, en donneront avis ſur le champ au Secrétaire d'état ayant le département de la guerre.

X.

LES Soldats, Cavaliers ou Dragons de recrue conduits par des Officiers, Sergens ou autres ayant miſſion, ſeront reçus dans les hôpitaux du Roy ſur les billets qui leur ſeront expédiez par les Officiers conducteurs, Commiſſaires des guerres, Majors des places ou Subdélégués; leſdits billets timbrez du nom des régimens auxquels leſdits Soldats, Cavaliers ou Dragons de recrue ſeront deſtinez: défend néanmoins Sa Majeſté auxdits Commiſſaires des guerres, Majors des places ou Subdélégués, d'expédier aucun billet à tout prétendu Soldat, Cavalier ou Dragon qui ſe préſentera ſeul & ſans preuve d'engagement; leur enjoint au contraire de le faire livrer aux Officiers des Maréchauſſées, qui l'examineront & en ordonneront ainſi que de raiſon.

X I.

LE jour d'une action conſidérable en tems de guerre, la formalité des billets n'étant pas compatible avec la promptitude néceſſaire du ſervice, les Soldats, Cavaliers ou Dragons bleſſez ſeront reçus dans l'hôpital ambulant de l'armée, & envoyez dans les plus prochains, ſans qu'il ſoit beſoin qu'ils ſoient porteurs de billets; mais dans le cours de la huitaine ſuivante chaque corps ou régiment ſera tenu de députer un Officier pour aller dans leſdits hôpitaux reconnoître les Soldats, Cavaliers ou Dragons qui y auront été tranſportez; & pour lors ledit Officier député expédiera au nom de chaque Capitaine le billet de chaque Soldat, Cavalier ou Dragon, dans lequel billet il fera mention du jour de l'action où il aura été bleſſé, & ſignera avec l'expreſſion de ſa qualité de député.

XII.

X I I.

FAUTE par les corps ou régimens d'avoir fait expédier par l'Officier député les billets d'entrée dans la huitaine, les Officiers desdits corps ou régimens en demeureront responsables en leur nom, & le traitement en entier des Soldats, Cavaliers ou Dragons leur sera retenu.

X I I I.

POUR constater avec certitude le nombre des Soldats, Cavaliers ou Dragons de chaque corps ou régiment étant aux hôpitaux, tant militaires que de charité, les Commissaires des guerres qui seront chargez de faire les revûes des troupes, seront tenus de joindre à l'expédition qu'ils en envoyent au Secrétaire d'état de la guerre, un état séparé, distingué compagnie par compagnie, des malades ou blessés de chaque régiment qui seront déclarez être aux hôpitaux; lequel état contiendra le nom de famille & de guerre de chaque Soldat, Cavalier ou Dragon, celui du lieu de sa naissance, l'élection, bailliage, sénéchaussée ou châtellenie dans le ressort desquels ledit lieu sera situé, le nom de l'hôpital où il aura été adressé, & le jour qu'il y aura été envoyé.

X I V.

LES Intendans des généralités, frontières & pays d'états du royaume, envoyeront pareillement tous les mois au Secrétaire d'état de la guerre, l'état général de tous les Soldats, Cavaliers & Dragons malades & blessez étant dans les hôpitaux de charité de leur département; lesdits états contenant les noms des régimens & des compagnies, les noms de famille & de guerre, avec les qualités, lieux de la naissance desdits Soldats, Cavaliers & Dragons, l'élection, bailliage, sénéchaussée ou châtellenie dans le ressort desquels lesdits lieux seront situez, le jour de leur entrée dans chaque hôpital, celui de leur sortie, & celui de leur mort.

X V.

LES états mentionnez aux deux articles précédens seront

confrontez & vérifiez entr'eux, & avec les billets d'entrée
& états de chaque mois arrêtez par les Commissaires des
guerres, des Soldats, Cavaliers ou Dragons entrez dans
chacun des hôpitaux militaires, de ceux qui en feront fortis,
& de ceux qui y feront décédez.

X V I.

VEUT & ordonne Sa Majesté qu'au cas que par la vérification qui fera faite, il fe trouve dans l'état de quelque
hôpital, quelque nom de Soldat, Cavalier ou Dragon, fuppofé, l'entrepreneur ou le directeur qui aura préfenté ledit
état, foit condamné pour la première fois en une amende
de quinze cens livres, applicable à l'hôpital du lieu, ou
autre plus prochain s'il n'y en a point dans le lieu; & en
cas de récidive ils foient mis en prifon, pour leur être leur
procès fait extraordinairement, & être condamnez aux
galères pour neuf ans; lefquelles condamnations feront
prononcées fur le vû de la vérification par l'Intendant du
département auquel elle fera envoyée : Comme auffi
ordonne Sa Majesté qu'au cas que dans le nombre des
Soldats, Cavaliers ou Dragons déclarez au Commiffaire
des guerres lors de fa revûe, comme étant aux hôpitaux,
il s'en trouvât quelqu'un de fuppofé, le Capitaine foit puni
par une retenue de cent livres, qui fera ordonnée par le
Secrétaire d'état de la guerre; & en cas de récidive, de
plus grande peine, même par privation de fa compagnie.

X V I I.

AUCUN Soldat, Cavalier ou Dragon ne fera admis
dans les hôpitaux du Roy, qu'après avoir été vifité par le
médecin ou le chirurgien-major; & au cas qu'il fe trouve
atteint d'une maladie incurable, il fera renvoyé fur le
champ, après néanmoins que fon état aura été certifié
fommairement au dos de fon billet d'entrée par le médecin, ou par le chirurgien-major fi c'est un fait de
chirurgie.

X V I I I.

AVANT que d'envoyer aux hôpitaux les malades atteints

du mal vénérien, les chirurgiens-majors des régimens,
fur-tout dans les lieux où il n'y a point de chirurgiens-
majors de place, leur donneront leur certificat vifé du
Major ou autre Officier chargé du détail du corps, & à
défaut de chirurgien-major lefdits malades devront au
moins être munis du certificat du chirurgien le plus capable
qui pourra fe trouver dans le lieu ou près du lieu
où fe trouvera le corps ou régiment, lequel certificat
lefdits malades préfenteront joint à leur billet d'entrée.

X I X.

LES prifonniers de guerre, malades ou bleffez, qui
feront envoyez dans les hôpitaux du Roy, y feront reçus
fur un état contenant, autant que faire fe pourra, les
noms des régimens & des compagnies, les noms de
famille & de guerre, avec les qualités & lieux de la naiffance;
cet état fera fait par le Commiffaire des guerres en préfence
du Major de la place, qui le fignera, & auquel il en fera
remis un double s'il le requiert, au bas duquel état ledit
Commiffaire ordonnera à l'entrepreneur ou directeur,
de recevoir lefdits prifonniers dans l'hôpital, & ledit état
tiendra lieu de billet d'entrée.

X X.

LES prifonniers à la garde du Prévôt de l'armée,
feront auffi reçus dans les hôpitaux du Roy fur le billet
dudit Prévôt, qui fera vifé par le contrôleur, & enfuite
remis à l'entrepreneur ou directeur, pour le garder &
fervir de pièce juftificative de l'entrée defdits prifonniers
à l'hôpital.

X X I.

LES prifonniers de guerre, ainfi que ceux qui feront
conduits aux hôpitaux fur les billets du Prévôt, feront
confignez à la Garde de l'hôpital, & l'Officier qui la commandera, mettra des fentinelles dans les falles, autant qu'il
en fera befoin.

TITRE SECOND.

Du transport des malades & bleſſés d'un hôpital dans un autre.

ARTICLE PREMIER.

LORSQUE les malades d'un hôpital ſurchargé ſeront envoyez dans un autre hôpital, le directeur ou entrepreneur de l'hôpital d'où ils ſortiront, fera paſſer avec eux à l'entrepreneur ou directeur de l'hôpital où ils ſeront transférez, un état contenant le nom de leur régiment, celui de leur compagnie, leurs qualités, leurs noms de famille & de guerre, les lieux de leur naiſſance, les élections, bailliages, ſénéchauſſées & châtellenies dans le reſſort deſquels leſdits lieux ſeront ſituez, & la date de leur entrée conformément aux billets de leur réception : cet état ſera viſé par le Commiſſaire des guerres, & contrôlé par le contrôleur s'il y en a.

I I.

L'ENTREPRENEUR ou le directeur, en expédiant l'état de tranſport ci-deſſus, fera mention ſur le regiſtre des entrées de l'hôpital, de la ſortie des malades ou bleſſés qui auront été transférez, & de l'hôpital où ils auront paſſé; au moyen de laquelle mention les Officiers ſeront inſtruits, quand ils le requerront, de ce que ſeront devenus leurs Soldats, Cavaliers ou Dragons, & les pourront ſuivre d'hôpital en hôpital.

I I I.

L'ÉTAT de tranſport tiendra lieu de billets d'entrée dans l'hôpital où les malades auront été transférez, après néanmoins qu'il aura été vérifié par le Commiſſaire des guerres du nouvel hôpital, & contrôlé par le contrôleur s'il y en a; leſquels feront mention au bas dudit état, des malades ou bleſſés qui ſe ſeroient échappez ou qui ſeroient morts pendant la route, ſuivant la déclaration de ceux qui les auront conduits. Cet état ſera remis enſuite à

l'entrepreneur

l'entrepreneur ou directeur, pour êtrc par lui enregiftré & gardé comme pièce juftificative de l'entrée des Soldats, Cavaliers & Dragons dans le nouvel hôpital.

I V.

Le tranfport des malades ou bleffés d'un hôpital dans un autre, ne fera ordonné que dans le cas d'une néceffité abfolue, & des malades ou bleffés feulement qui feront plus en état de foûtenir la fatigue du chemin, defquels le choix fera fait par le Commiffaire des guerres, de concert avec le médecin & le chirurgien-major.

V.

Il ne fera fait aucun envoi de malades ou bleffés d'un hôpital dans un autre, que préalablement le Commiffaire des guerres & le contrôleur de l'hôpital où lefdits malades ou bleffés devront paffer, n'en aient été avertis; en obfervant de leur donner un tems fuffifant pour qu'ils puiffent faire préparer tout ce qui eft néceffaire pour les recevoir, & conformément à l'article XXII du titre VIII fuivant, envoyer vers le milieu de la route la halte en bouillons, boiffons & alimens.

V I.

Chaque envoi de malades ou bleffés fera toûjours accompagné d'une quantité de chirurgiens & infirmiers, proportionnée à leur nombre, afin qu'ils puiffent recevoir en chemin les fecours dont ils auront befoin.

TITRE TROISIEME.

De l'armement, habits, argent & autres effets des malades ou bleffés, à leur entrée ou fortie des hôpitaux.

ARTICLE PREMIER.

Le contrôleur de chaque hôpital fera un mémoire des armes, habits, argent & effets que chaque Soldat, Cavalier ou Dragon aura apportez à l'hôpital, lequel mémoire le

C

Soldat, Cavalier ou Dragon remettra au directeur ou entrepreneur avec lesdites armes, habits, argent & effets, auxquels il demeurera attaché pour servir d'étiquette dans le magasin où le tout sera déposé; ledit mémoire sera daté du jour de l'entrée.

I I.

LE directeur ou entrepreneur, avant d'envoyer le Soldat, Cavalier ou Dragon prendre sa place dans les salles de l'hôpital, lui remettra un double signé de lui du mémoire du contrôleur, lequel double demeurera au malade ou blessé, pour retirer par lui à sa sortie ce qu'il aura apporté.

I I I.

EN cas de plaintes de la part du Soldat, Cavalier ou Dragon, de la rétention des effets par lui apportez, le Commissaire des guerres lui fera rendre justice sur la représentation des deux mémoires.

I V.

IL sera permis à chaque Soldat, Cavalier ou Dragon, de garder dans les salles ce qu'il jugera lui être nécessaire, à l'exception néanmoins des armes & de l'argent monnoyé, & en ce cas il en sera fait mention sur l'un & l'autre mémoire du contrôleur & du directeur ou entrepreneur.

V.

AUSSI-TOST que le contrôleur aura connoissance de la mort de quelque Soldat, Cavalier ou Dragon, il se fera sur le champ représenter par l'infirmier le mémoire & les effets gardez par le défunt, qu'il fera rejoindre aux autres dans le magasin à ce destiné.

V I.

LES infirmiers demeureront responsables des effets gardez par les défunts, qui se trouveroient avoir été détournez, dont le contrôleur rendra compte au Commissaire des guerres, pour les faire punir suivant l'exigence des cas.

V I I.

LE contrôleur dans l'instant de la remise à lui faite par l'infirmier, du mémoire d'armes, argent & autres effets trouvez fur le Soldat, Cavalier ou Dragon décédé, écrira fur ledit mémoire le jour de la mort, & l'envoyera au régiment pour en inftruire le Capitaine.

V I I I.

L'armement, habillement, argent ou autres effets appar-tenans aux Soldats, Cavaliers ou Dragons décédez, feront remis aux porteurs des mémoires fignez par les directeurs ou entrepreneurs, & ce dans l'an & jour de la date defdits mémoires, paffé lequel tems lefdits mémoires demeureront nuls, & l'entrepreneur fera fon profit de tout ce qui aura été apporté par le Soldat, Cavalier ou Dragon dans l'hôpital.

TITRE QUATRIE'ME.

De la diftribution des malades dans les falles des hôpitaux.

ARTICLE PREMIER.

IL fera défigné dans chaque hôpital, fuivant la difpofi-tion des lieux, différentes falles, pour y traiter les différen-tes efpèces de maladies; en obfervant que celles qui feront affectées aux maladies contagieufes & aux maux vénériens, foient fans communication avec les autres, ou au moins en foient le plus éloignées; ce qui fe pratiquera pour les hôpitaux qui s'établiffent à la fuite des armées, autant qu'il fera poffible.

I I.

POUR prévenir la communication des maladies conta-gieufes, le médecin chargera le chirurgien de garde, de placer ceux qui en font attaquez, chacun dans le lieu qui lui conviendra, fuivant l'efpèce de fa maladie: & au cas que lors de la vifite il reconnût que quelque malade eût été mal placé, il le fera paffer dans l'inftant dans le lieu où il auroit dû être mis.

I I I.

LE médecin n'admettra ni ne fouffrira pareillement parmi

les malades , aucun de ceux attaquez du mal vénérien ; il les renvoyera au chirurgien-major pour en faire la vifite, & les faire placer dans les lieux à eux affectez.

I V.

LES lits dans chacune des falles feront numérotez pour la facilité des vifites des médecins, chirurgiens-majors & apothicaires, ainfi que pour la diftribution des alimens & médicamens.

V.

LES bleffés de grandes bleffures, & les malades de maladies dangereufes , feront couchez feuls , & même en tems de guerre , fur des fournitures entières, autant qu'il fera poffible. A l'égard des fiévreux , des malades attaquez de cours de ventre, des galeux & des convalefcens, ils feront couchez deux à deux & fur des demi-fournitures dans les hôpitaux de guerre; obfervant toûjours de tenir les deux dernières efpèces féparées des autres, les uns de crainte qu'ils ne communiquent leur mal, & pour éviter aux autres de le reprendre.

TITRE CINQUIE'ME.

Des vifites des malades & bleffés par les médecins & chirurgiens-majors.

ARTICLE PREMIER.

LE médecin vifitera tous les jours dans la matinée, les malades , à une heure fixe & convenable , pour leur ordonner les remèdes & autres befoins.

I I.

IL fera accompagné d'un garçon chirurgien qui lui rendra compte des cas relatifs à la chirurgie, qui fe rencontreront, & écrira fur une feuille contenant le nom du malade & le numéro du lit, les faignées qui feront ordonnées & le régime qui fera prefcrit.

III.

I I I.

IL sera pareillement suivi d'un apothicaire, qui lui rendra raison des effets des remèdes ordonnez précédemment, de l'administration desquels il aura été particulièrement chargé, & écrira sur une feuille semblable à celle du garçon chirurgien, les nouvelles ordonnances dudit médecin.

I V.

L'INFIRMIER de garde & celui de chaque quartier suivront aussi, pour recevoir les ordres du médecin concernant les malades.

V.

LE chirurgien-major fera son pansement un peu avant la visite du médecin, afin que s'il y avoit quelque cas grave, comme fièvre & maladie chronique, ils pûssent en conférer ensemble & agir en tout de concert pour le bien du service.

V I.

LE chirurgien-major visitera les blessés immédiatement après le pansement, pour avoir l'idée plus récente de l'état où il aura trouvé leurs blessures, régler ensuite plus judicieusement la qualité & quantité des alimens, & mieux ordonner les remèdes convenables & nécessaires; il sera accompagné, de même que le médecin, par un garçon chirurgien & par un apothicaire, qui écriront ses ordonnances, lit par lit & blessé par blessé, & suivi par les infirmiers de garde & de quartier, qui recevront ses ordres.

V I I.

LE médecin & le chirurgien-major auront toûjours devant les yeux en faisant leur visite, le cahier de celle du jour précédent, pour observer plus sûrement si le malade ou blessé aura été traité, tant pour les alimens que pour les remèdes, comme il avoit été ordonné, & pour juger de leur effet.

V I I I.

ATTENDU qu'il n'appartient qu'au médecin & au chirurgien-major de régler les médicamens & le régime

D

des malades ou bleſſés, chacun en ce qui les concerne, défend Sa Majeſté à toutes perſonnes, même aux Officiers de ſes troupes, de s'oppoſer à l'exécution de leurs ordonnances.

TITRE SIXIE'ME.

Des Opérations & des panſemens.

ARTICLE PREMIER.

LE chirurgien-major fera toutes les opérations de conſéquence, ſans jamais les confier à ſes garçons; & s'il leur arrivoit d'en faire quelqu'une de cette eſpèce, ou de changer aucun remède ou régime de leur autorité, ou ſans ſon ordre, ils feront ſur le champ privez de leur emploi.

I I.

LE médecin ſera averti par le chirurgien-major pour aſſiſter à toutes les grandes opérations de chirurgie, de même que de ſa part le médecin avertira ledit chirurgien-major dans les cas qui le requerront, & ils ſe concerteront ſoigneuſement enſemble ſur tout ce qui ſera relatif au ſoulagement & à la guériſon des malades & bleſſés.

I I I.

LE chirurgien-major panſera ou fera panſer les bleſſés autant de fois qu'il ſera néceſſaire, deux fois par jour les plaies qui par leur grande ſuppuration devront l'être, & les autres au moins une fois; & ne commencera point que tous ſes appareils ne ſoient prêts, pour ne point expoſer les plaies & ulcères à l'impreſſion de l'air: il n'y appliquera rien qui ne ſoit chaud, en quelque tems que ce ſoit, & aura ſoin que l'on brûle du genièvre ou autres parfums devant & pendant ſon panſement.

I V.

FAIT Sa Majeſté très-expreſſes inhibitions & défenſes aux entrepreneurs de ſes hôpitaux, de fournir pour le panſement de quelque bleſſure que ce puiſſe être, ou pour les compositions de médicamens, aucunes eaux de vie de grain, à peine de quinze cens livres d'amende, & de punition exemplaire en cas de récidive : défend pareillement aux chirurgiens & apothicaires de s'en servir, à peine de destitution de leur emploi; leur enjoint, au cas qu'on leur en présente, d'en avertir sur le champ le Commissaire des guerres, afin qu'il en dresse son procès verbal, & audit Commissaire des guerres, d'envoyer ledit procès verbal au Secrétaire d'état ayant le département de la guerre, & à l'Intendant du département, pour y statuer.

TITRE SEPTIE'ME.

Cours de médecine & de chirurgie dans les principaux hôpitaux.

ARTICLE PREMIER.

DANS les principaux hôpitaux le médecin fera tous les ans un cours de médecine, & le chirurgien-major pendant l'hiver un cours d'anatomie & d'opérations; le chirurgien-major fera de plus en été un cours d'ostéologie & de bandages, auxquels cours les garçons chirurgiens feront obligez d'assister, pour s'entretenir dans l'exercice de leur art, & pour y former des élèves.

TITRE HUITIE'ME.

Des Alimens & de leur Distribution.

ARTICLE PREMIER.

LA portion d'alimens pour chaque malade ou blessé fera, comme elle a toûjours été, par jour, d'une livre de viande poids de marc, deux tiers de bœuf & l'autre tiers de veau ou de mouton, laquelle livre cuite & sans os reviendra à dix onces; de vingt-quatre onces de pain entre le bis & le blanc, aussi poids de marc, de pur froment, ou de vingt onces de pain blanc, au choix du médecin & du chirurgien-major dans chaque hôpital, & d'une chopine, mesure de Paris, de vin blanc ou rouge, avec le sel & le vinaigre nécessaires.

I I.

IL sera aussi fourni par les entrepreneurs, des œufs dans les bouillons, des œufs frais, de la tisane commune pour les boissons ordinaires, de la panade, du lait, de la bouillie, du riz & des pruneaux, mais dans le cas seulement où ces alimens auront été ordonnez comme régime par les médecins & chirurgiens-majors, attendu que lesdites denrées ne font point partie de la portion ordinaire.

I I I.

A l'égard des Officiers, il leur sera fourni le double en valeur, ainsi qu'il sera plus particulièrement réglé par l'Intendant du département, eu égard au prix des denrées & à la qualité de celles que le pays produit dans le lieu où chaque hôpital sera situé.

I V.

LA viande sera belle, bien saignée & de bonne qualité, sans qu'il puisse y être admis de têtes, cœurs, fressures & pieds; elle sera examinée par le contrôleur lors de la livraison, & au cas qu'il la trouve défectueuse, il en avertira sur le champ le Commissaire des guerres, ou, au défaut du Commissaire des guerres, le Major de la place ou tout autre Officier chargé du détail; lequel, audit cas de défectuosité, en dressera procès verbal, fera jeter la viande dans la rivière, ou la fera enterrer en présence de témoins, en fera acheter d'autre de la plus belle qualité, dans les boucheries de la ville, aux frais de l'entrepreneur, & condamnera le boucher qui aura fourni la mauvaise, à la perte du prix d'icelle & en une amende arbitraire, qui, pour la première fois, ne pourra être moindre de vingt livres, applicable aux pauvres du lieu; en cas de récidive ladite amende sera de cinquante livres, & il sera enjoint à l'entrepreneur de prendre un autre boucher.

V.

V.

LES peſées de la viande du matin & du ſoir ſeront faites en préſence du contrôleur; & ſera proportionnée au nombre des malades, bleſſés, infirmiers, chirurgiens & employés qui doivent être nourris dans l'hôpital, à raiſon d'une demi-livre pour chacun par chaque peſée, obſervant de les augmenter ou diminuer eu égard au nombre de ceux qui ſeront entrez ou ſortis. La peſée étant faite exactement, la viande ſera miſe dans un lieu fermant, dont la clef ſera donnée au Sergent de garde, & à l'heure accoûtumée le Sergent ſe trouvera préſent pour faire ouverture du lieu où ladite viande aura été dépoſée; elle en ſera tirée & miſe dans la marmite devant lui, & il conſignera au ſentinelle de la cuiſine de n'en laiſſer tirer aucun morceau juſqu'à la cuiſſon parfaite, même d'empêcher que ladite marmite ſoit dégraiſſée.

V I.

S'IL arrivoit qu'à l'heure de la peſée le boucher n'eût pas pris ſes précautions pour fournir autant de viande qu'il eſt néceſſaire, il en ſera acheté de la plus belle dans les boucheries de la ville aux frais de l'entrepreneur, & le boucher ſera condamné par le Commiſſaire des guerres en dix livres d'amende applicable comme deſſus.

V I I.

LE pain ſera de pur froment, de bonne qualité; celui qui ſe trouvera trop peu cuit ou brûlé, ſera rejeté; & au cas qu'il ſoit mêlé de ſeigle ou autres grains, le contrôleur en avertira le Commiſſaire des guerres, qui le fera viſiter, en dreſſera procès verbal, en fera fournir d'autre aux frais de l'entrepreneur, fera empriſonner le boulanger, & condamnera l'entrepreneur en cent livres d'amende, ſauf plus grande peine en cas de récidive.

V I I I.

LE vin rouge & blanc ſeront du pays, & de bonne qualité; ils ſeront vieux autant qu'il ſera poſſible, & ſi l'on n'en peut fournir que de la dernière recolte, la diſtribution

n'en pourra commencer au plûtôt qu'au premier avril fuivant. Les malades attaquez de cours de ventre & dyſenterie
ne ſeront fournis que de vin rouge, & le vin blanc ſera
donné aux autres malades, à l'exception néanmoins des cas
où l'uſage du vin blanc auroit été interdit au malade par
l'ordonnance du médecin ou du chirurgien-major.

I X.

DANS les pays qui ne produiſent point de vin, il y
ſera ſuppléé par l'uſage de la bière, qu'audit cas il ſera
permis aux entrepreneurs de fournir par une clauſe ex-
preſſe de leur marché, laquelle permiſſion ne leur ſera
accordée que ſous la condition de donner du vin aux
malades ou bleſſés comme remède ou portion cordiale,
lorſqu'il ſera ainſi ordonné par le médecin ou chirurgien-
major.

X.

LES caves, celliers & magaſins de l'entrepreneur ſeront
viſitez au moins une fois par mois par le Commiſſaire des
guerres, aſſiſté du contrôleur, du médecin & du chirurgien-major; & au cas qu'il s'y trouve du vin défectueux
ou gâté, le Commiſſaire des guerres le fera répandre en
leur préſence, & obligera l'entrepreneur à le remplacer
par d'autre de bonne qualité: il en ſera uſé de même à
l'égard de la bière.

X I.

L'HEURE de la diſtribution des alimens ſera fixée dans
chaque hôpital à dix heures du matin pour le dîner, & à
quatre ou cinq heures du ſoir pour le ſouper; laiſſant néanmoins Sa Majeſté au Commiſſaire des guerres la liberté
de changer quelque choſe à cette fixation, de concert avec
le médecin & le chirurgien, ſuivant l'exigence des cas.

X I I.

LA viande étant cuite vers l'heure fixée pour la diſtribution, elle ſera coupée par portions en préſence du
contrôleur & du Sergent de garde, qui ſera appellé à cet
effet: il en ſera uſé de même pour les portions de pain &

de vin. Le contrôleur goûtera le bouillon, pour connoître s'il eſt bon, ainſi que le pain, la viande & le vin; & s'il y trouve quelque choſe de défectueux, il en avertira ſur le champ le Commiſſaire des guerres, afin qu'il donne ſes ordres pour y remédier.

X I I I.

LE médecin & le chirurgien-major aſſiſteront pareillement, ſoit dans la cuiſine, ſoit dans les ſalles, à la diſtribution des portions, pour les goûter chaque jour, & avertir de leur part le Commiſſaire des guerres s'ils y trouvent quelque défectuoſité. Enfin le Commiſſaire goûtera auſſi tous les jours lui-même leſdites portions, ou au moins auſſi ſouvent que ſes fonctions pourront le lui permettre.

X I V.

LES portions ſeront portées & diſtribuées dans les ſalles par les infirmiers, chacun dans leur quartier.

X V.

IL y aura toûjours un chirurgien préſent à la diſtribution des alimens, lequel tiendra la main à ce que chaque malade ou bleſſé ait ce qui lui aura été ordonné; obſervant d'interdire l'uſage des alimens ſolides à ceux à qui la fièvre ſera ſurvenue depuis la viſite du médecin ou du chirurgien-major.

X V I.

LA diſtribution de la viande étant faite à tous ceux qui auront été compris dans la peſée, & non autres, le ſurplus de ladite viande ſera haché ſur le champ en préſence du contrôleur & du Sergent de garde, & mis dans la marmite du conſommé, pour faire de bons bouillons qui ſeront donnez aux malades à la diète.

X V I I.

LES malades à la diète devant avoir trois ou quatre bouillons par jour, ſuivant les ordonnances du médecin ou du chirurgien-major, le contrôleur veillera à ce qu'ils leur ſoient exactement fournis, & il fera fournir avec la même exactitude les œufs, panade, bouillie, riz, pruneaux, lait

& tifane, à ceux auxquels ils auront été prefcrits pour régime. La diftribution de ces alimens fera faite dans chaque
falle par lés garçons chirurgiens.

X V I I I.

LE Commiffaire des guerres affifté du contrôleur, feront
au moins une fois chaque mois, & aux jours auxquels les
directeurs, entrepreneurs ou leurs commis s'y attendront le
moins, la vifite des balances, poids & mefures fervant à la
diftribution des alimens; & au cas que lefdites balances,
poids & mefures ne fe trouvent pas conformes aux ordonnances, le Commiffaire les fera brifer en fa préfence & en
fera établir d'autres aux frais de l'entrepreneur, dont & de
quoi le Commiffaire dreffera fur le champ fon procès
verbal, qu'il fera figner par le contrôleur préfent, par des
témoins au moins au nombre de deux, & par le directeur,
entrepreneur ou leurs commis s'ils veulent figner, finon
fera fait mention de leur refus.

X I X.

LE Commiffaire des guerres fera deux expéditions du
procès verbal ci-deffus, qu'il adreffera fur le champ, l'une
au Secrétaire d'état ayant le département de la guerre, &
l'autre à l'Intendant du département.

X X.

VEUT & ordonne Sa Majefté que fur le vû dudit procès
verbal, le directeur, entrepreneur & leurs commis coupables,
foient condamnez folidairement par l'Intendant du département en une amende de quinze cens livres, applicable
moitié au dénonciateur s'il y en a, & l'autre moitié, ou la
totalité, en cas qu'il n'y ait point de dénonciateur, à l'hôpital
du lieu, ou autre plus prochain s'il n'y en a point dans le
lieu; & qu'en cas de récidive les coupables foient mis en
prifon, pour leur être leur procès fait extraordinairement,
& être condamnez par ledit Intendant aux galères pour
neuf ans. Et fera le dénonciateur payé de la moitié de
l'amende, en déduction de ce qui fera dû à l'entrepreneur,
fur le certificat du Commiffaire des guerres, portant que la
fauffeté

fauſſeté des poids & meſures a été reconnue ſur ſa dénonciation.

X X I.

DÉFEND Sa Majeſté dans ſes hôpitaux l'uſage des Romaines pour peſer la viande & autres alimens des malades ou bleſſés; Veut & entend que toutes peſées, de quelqu'eſpèce que ce ſoit, ne puiſſent être faites qu'avec des balances à plateaux, bien éprouvées en préſence du Commiſſaire des guerres, & avec des poids de marc bien & dûement étalonnez.

X X I I.

AU cas de tranſport de malades ou bleſſés dans un autre hôpital, la journée deſdits malades ou bleſſés étant payée à l'entrepreneur de l'hôpital où ils ſont envoyez, ledit entrepreneur qui en ſera averti, ſi le chemin eſt de plus de deux lieues fera établir vers le milieu de la route des marmites, & y fera porter du pain, du vin ou de la bière, pour y fournir des bouillons & autres alimens aux malades ou bleſſés. Il y fera trouver des chirurgiens & infirmiers, auxquels ils ſeront remis avant ou après la halte, par les chirurgiens & infirmiers qui les auront conduits juſque-là.

TITRE NEUVIE'ME.

Des Médicamens.

ARTICLE PREMIER.

LE médecin & le chirurgien-major, chacun en ce qui les concerne, preſcriront une formule de remèdes uſuels à laquelle l'apothicaire ſera tenu de ſe conformer, tant pour ſes approviſionnemens que pour ſes compoſitions; & leſdites formules ſeront préſentées à l'inſpecteur, médecin ou chirurgien des hôpitaux, lors de ſa viſite générale, pour en conférer enſemble, & y ajoûter ou retrancher ce qu'ils jugeront à propos pour le bien du ſervice.

F

I I.

IL sera choisi dans l'intérieur de l'hôpital un lieu convenable pour y établir l'apothicairerie, & dans lequel seront déposées toutes les drogues nécessaires & prescrites par les formules ci-dessus, soit pour les quantités, soit pour les qualités; ce qui aura lieu, même dans le cas où le marché des médicamens seroit séparé de celui des alimens.

I I I.

LE médecin & le chirurgien-major visiteront ensemble & de concert l'apothicairerie, au moins une fois par mois; ils feront jeter en leur présence les remèdes corrompus & gâtez; & s'il en manque de nécessaires, ils en dresseront un état dont copie sera remise à l'entrepreneur, pour qu'il ait soin d'en faire promptement le remplacement, & une autre copie au Commissaire des guerres, afin qu'il y tienne la main.

I V.

FAIT Sa Majesté très-expresses inhibitions & défenses à l'apothicaire de faire aucune composition pour le service de l'hôpital, ailleurs que dans l'apothicairerie, & hors de la présence du médecin & du chirurgien-major, à peine de privation de son emploi.

V.

A l'égard de la simple manipulation de remèdes journaliers & usuels, elle ne sera faite pareillement que dans l'apothicairerie, à peine de dix livres d'amende pour la première fois, & de destitution d'emploi en cas de récidive.

V I.

AU cas que l'apothicaire manque de quelqu'une des drogues ordonnées par le médecin & le chirurgien-major, il sera tenu de les en avertir sur le champ pour y suppléer: lui fait Sa Majesté très-expresses inhibitions & défenses d'en substituer de son chef, sur les peines portées en l'article précédent.

V I I.

VEUT & ordonne Sa Majesté, qu'au cas où l'apothicaire

foit furpris employant, ou convaincu d'avoir employé de fauſſes drogues au lieu de celles ordonnées, il en ſoit dreſſé procès verbal par le Commiſſaire des guerres, en préſence du contrôleur, du médecin, du chirurgien-major & de témoins, au moins au nombre de deux, qui ſigneront conjointement avec le Commiſſaire ledit procès verbal, ainſi que ledit apothicaire, s'il veut ſigner, ſinon ſera fait mention de ſon refus.

V I I I.

S u r le vû dudit procès verbal, qui ſera adreſſé ſur le champ au Secrétaire d'état ayant le département de la guerre, & à l'Intendant du département, le procès ſera fait extraordinairement par l'Intendant audit apothicaire, lequel audit cas de conviction & ſuivant l'exigence des cas, ſera condamné en une amende arbitraire, applicable moitié au dénonciateur, l'autre moitié à l'hôpital du lieu, ou le plus prochain, même en une peine corporelle s'il y échéoit.

I X.

L'apothicaire adminiſtrera lui-même en préſence du chirurgien de garde ou de quartier, les remèdes qui auront été ordonnez aux malades & bleſſés, & les verra prendre ſans les laiſſer auxdits malades & bleſſés, pour éviter toutes erreurs dans la diſtribution, pour être en état d'en ſuivre les effets & d'en rendre compte au médecin ou chirurgien-major lors de leurs viſites, conformément aux articles III & VI du titre V, ou d'expliquer les raiſons pour leſquelles le chirurgien de garde & lui de concert, auroient jugé à propos de les ſuſpendre.

X.

L'apothicaire fera une bonne proviſion de plantes uſuelles, chacune dans leur tems, & les conſervera bien cloſes dans des boîtes, de manière qu'elles ne ſoient point expoſées à l'air & à la pouſſière, qui en détruiſent la vertu & la qualité.

X I.

O n établira dans chaque hôpital, autant qu'il ſera

possible, & l'on cultivera soigneusement un jardin de plantes usuelles, dans le lieu qui sera désigné par l'Intendant; le médecin & le chirurgien-major auront la direction de ce jardin, chacun en ce qui les concerne.

X I I.

ENJOINT Sa Majesté au Commissaire des guerres, au cas de soupçon de sa part, ou en cas de plainte que les drogues & médicamens de l'apothicairerie soient de mauvaise qualité, de se transporter à ladite apothicairerie, sans le médecin ni le chirurgien-major, mais assisté d'experts qu'il appellera à cet effet, pour, sur l'avis desdits experts, faire jeter à la rivière ou mettre hors d'état de servir ce qui se trouvera dans le cas de devoir être rejeté; dont & de quoi ledit Commissaire dressera procès verbal signé desdits experts, pour sur ledit procès-verbal, adressé au Secrétaire d'état ayant le département de la guerre, & à l'Intendant du département, être prononcé par ledit Intendant contre l'entrepreneur telle amende qu'il avisera , suivant l'exigence du cas ; même être procédé au procès extraordinaire de l'apothicaire , en cas qu'il se trouve de fausses drogues , conformément à l'article VIII ci - dessus : Et fera ledit Commissaire remplacer sur le champ, aux dépens de l'entrepreneur, les drogues & médicamens qu'il aura rejetez, par d'autres de la meilleure qualité, qui se trouveront dans la ville ou dans les environs.

TITRE DIXIE'ME.

Des Lits & fournitures.

ARTICLE PREMIER.

L'USAGE des demi-fournitures n'aura lieu dans les hôpitaux, que pour ceux qui seront établis en tems de guerre, dans chacun desquels cependant il sera remis un nombre de fournitures complétes pour les blessés de grandes blessures, ou pour les malades attaquez de maladies grandes ou contagieuses.

I I.

I I.

L'ENTREPRENEUR des lits fera laver les couvertu-
res & les bois de lits tous les six mois, & fera rebattre les
matelas auffi fouvent qu'il fera néceffaire : la paille des
paillaffes fera renouvellée tous les fix mois pour les lits fervant aux convalefcens, & pour ceux qui fervent aux malades autant de fois que le médecin ou chirurgien-major le
jugeront à propos.

I I I.

IL fera fourni trois paires de draps pour chaque fourniture compléte, & trois draps pour chaque demi-fourni-
ture, deftinées au fervice des hôpitaux, afin que les malades puiffent être changez lorfqu'ils en auront befoin & qu'il
fera ordonné par le médecin ou par le chirurgien-major.

I V.

LORS de la livraifon des fournitures ou demi-fournitures
le Commiffaire des guerres, ou le contrôleur en fon abfence, fera auner les draps & pefer les matelas & traver-
fins, pour connoître s'ils font de la même mefure & du
poids ordonnez; & en cas qu'il les trouve défectueux, ou
que le nombre ne fe trouve pas complet, il en dreffera procès verbal, qu'il envoyera fur le champ au Secrétaire d'état
ayant le département de la guerre, & à l'Intendant du département, afin qu'ils y pourvoient : il en fera ufé de même
lorfque les matelas feront rebattus, ou dans le cas de renou-
vellement de fournitures & demi-fournitures.

V.

LE blanchiffage des draps fournis par l'entrepreneur
des lits, ou par le Roy, fera à la charge de l'entrepreneur
de l'hôpital, auquel ils feront remis fous fon récépiffé,
pour être par lui repréfentez en même nombre, fauf l'ufage,
à l'expiration de fon marché, ou toutes les fois qu'il en fera
requis : Pourra ledit entrepreneur de l'hôpital remettre de
trois en trois mois, en préfence & du confentement du
Commiffaire des guerres, ou du contrôleur en fon abfence, les draps hors d'état de fervir, defquels il demeurera

déchargé, & fera pourvû au remplacement.

V I.

ENJOINT très-expreſſément Sa Majeſté aux Commiſ-faires des guerres, aux contrôleurs, & généralement à tous les officiers de ſes hôpitaux, de ne point ſouffrir qu'aucun malade ou bleſſé ſoit mis dans le lit d'un mort, avant que les draps & la paille en aient été changez.

V I I.

ENJOINT pareillement Sa Majeſté aux Commiſſaires des guerres, aux contrôleurs, & à tous autres officiers de ſes hôpitaux, d'empêcher les malades ou bleſſés de coucher ſur leurs lits avec leurs ſouliers, ce qui détruit les fournitures & entretient la mal-propreté.

TITRE ONZIE'ME.

Des linges, bonnets, & robes de chambre.

ARTICLE PREMIER.

LES linges à panſemens ſeront fournis par l'entrepreneur, ainſi que le charpis. Enjoint Sa Majeſté au chirurgien-major de viſiter les approviſionnemens qu'il en fera, avant leur entrée dans le magaſin ; & au cas qu'il en trouve de mauvaiſe qualité, d'en donner avis au Commiſſaire des guerres, qui, audit cas, les fera brûler en ſa préſence, & en dreſſera procès verbal.

I I.

ORDONNE Sa Majeſté qu'au cas où l'entrepreneur ſe trouvât manquer de linges à panſemens, & de charpis dans le beſoin, il ſera condamné en une amende de quinze cens livres, qui ſera prononcée par l'Intendant du département, ſur le vû du procès verbal qui en ſera dreſſé par le Commiſſaire des guerres, & envoyé audit Intendant & au Secrétaire d'état ayant le département de la guerre : Veut Sa Majeſté audit cas, que le Commiſſaire des guerres faſſe acheter dans la ville ou lieux circonvoiſins, ce qui ſera néceſſaire au ſervice, & à quelque prix que ce ſoit, aux frais de l'entrepreneur.

I I I.

LES bonnets & coëffes de nuit ſeront toûjours à la charge des entrepreneurs, & il y aura quatre coëffes par chaque bonnet, pour pouvoir changer les malades ou bleſſés. Le Commiſſaire des guerres ſe fera remettre l'état de l'approviſionnement de l'hôpital en ce genre, qu'il fera augmenter par proportion des malades ou bleſſés qui y ſeront reçus; & fera de tems en tems la viſite deſdits bonnets & de leurs coëffes, pour en ôter ce qui ſera hors de ſervice, & le faire remplacer.

I V.

SOIT que la fourniture des chemiſes ſoit à la charge de l'entrepreneur par ſon marché, ſoit que leſdites chemiſes ſoient fournies pour le compte du Roy, le Commiſſaire des guerres aura ſoin qu'il y en ait toûjours quatre pour chaque malade ou bleſſé, pour entretenir leſdits malades ou bleſſés dans l'état de la plus grande propreté.

V.

LE blanchiſſage de tous les linges, coëffes & chemiſes, ſera toûjours à la charge de l'entrepreneur, qui ſera tenu de mettre à part & de faire leſſiver ſéparément tout ce qui aura ſervi à l'uſage des malades attaquez de maux vénériens; il fera de même leſſiver par un blanchiſſage ſéparé tous les linges à panſemens ou deſtinez à en faire du charpis.

V I.

L'ENTREPRENEUR fournira & entretiendra dans chaque ſalle des capottes ou robes de chambre de drap, à raiſon d'une pour dix malades, & le Commiſſaire des guerres les fera renouveller quand elles ſeront hors de ſervice.

TITRE DOUZIE'ME.
Des maux vénériens.

ARTICLE PREMIER.

TOUS les malades attaquez du mal vénérien feront non feulement placez dans une falle particulière deftinée à leur traitement, ainfi qu'il eft porté en l'article III du titre IV précédent, mais le contrôleur & le chirurgien-major veilleront avec une extrême attention à ce que les linges & autres effets deftinez à leur ufage, foient leffivez féparément, & ne foient point confondus avec les autres.

I I.

LE médecin fera appellé par le chirurgien-major au commencement & à la fin du traitement de chaque malade attaqué du mal vénérien, & dans les occafions périlleufes.

TITRE TREIZIE'ME.
Des eaux minérales & médécinales.

ARTICLE PREMIER.

LES Cavaliers, Dragons ou Soldats ne pourront être reçus dans les lieux où fe prennent les eaux, hors le tems des faifons ordinaires; obfervant de s'y rendre affez tôt pour qu'avant la faifon finie, ils puiffent avoir fait ufage des eaux, autant de tems qu'il fera néceffaire à leur guérifon, finon ils feront renvoyez à leur régiment; en telle forte qu'à la fin de chaque faifon il ne refte aucun malade dans aucuns defdits lieux, fi ce n'eft pour des cas particuliers & imprévûs, dont le médecin, ou, à fon défaut, le chirurgien chargé de la difpenfation des eaux, rendra compte au Secrétaire d'état ayant le département de la guerre.

I I.

CHAQUE Cavalier, Dragon ou Soldat, fera porteur d'un
congé

congé militaire, ou d'un billet de fortie d'hôpital, & d'un certificat du chirurgien-major du régiment où il fert, ou du médecin & du chirurgien-major de l'hôpital d'où il fera forti, contenant la nature & le détail de fa maladie, fur lequel le médecin ou chirurgien qui fera chargé de la difpenfation des eaux, puiffe juger fi elles lui font convenables, finon il fera renvoyé dans les vingt-quatre heures.

I I I.

LE médecin ou chirurgien chargé de la difpenfation des eaux, marquera au dos du congé ou du billet de l'hôpital, s'il eftime que le Soldat, Cavalier ou Dragon doive être reçu à prendre les eaux, ou s'il doit être renvoyé; & dans les deux cas ledit Soldat, Cavalier ou Dragon, portera ledit congé ou billet au Commiffaire des guerres, qui le fera recevoir à l'hôpital, s'il y en a d'établi dans le lieu, & lui expédiera un billet d'entrée, ou s'il n'y a point d'hôpital, un billet de logement.

I V.

LE Commiffaire des guerres enregiftrera dans un regiftre qu'il tiendra à cet effet, les noms de famille & de guerre du Soldat, Cavalier ou Dragon, celui du lieu de fa naiffance, l'élection, bailliage, fénéchauffée ou châtellenie dans le reffort defquels ledit lieu fera fitué, le nom du régiment & celui de la compagnie où il fert, le jour de fon entrée, & celui de fon départ pour aller joindre fon corps ; duquel regiftre ledit Commiffaire envoyera copie tous les premiers de chaque mois à l'Intendant & au Secrétaire d'état ayant le département de la guerre; ce qui n'aura lieu dans les lieux où le Roy a des établiffemens formez pour les malades & bleffés de fes troupes qui prennent les eaux, dans lefquels lefdits malades ou bleffés feront reçus & employez dans les états, en la même forme & manière que dans les autres hôpitaux militaires.

V.

LES Soldats, Cavaliers ou Dragons admis à prendre les eaux, dépoferont leur épée ou autres armes, s'ils en ont,

H

au directeur de l'hôpital, & au cas qu'il n'y ait point d'hôpital, chez le Commiſſaire des guerres: leſdites armes ſeront étiquetées, pour leur être rendues à leur départ; Sa Majeſté faiſant très-expreſſes défenſes auxdits Soldats, Cavaliers ou Dragons, de porter aucunes armes, de quelque eſpèce que ce ſoit, pendant leur ſéjour aux eaux, & de les cacher chez les habitans du lieu, à peine auxdits Soldats, Cavaliers ou Dragons, de priſon, & d'être renvoyez à leur régiment, & aux habitans qui auront caché leſdites armes, de priſon, & de vingt livres d'amende applicable au profit des pauvres de la paroiſſe.

V I.

VEUT & entend au ſurplus Sa Majeſté, que les Soldats, Cavaliers & Dragons reçus pour prendre les eaux dans les hôpitaux ou autres établiſſemens formez à cet effet, ſe conforment aux règlemens de police obſervez dans les autres hôpitaux, aux peines y portées.

V I I.

CEUX qui au défaut d'hôpital, ou faute de place dans l'hôpital, auront été logez chez les habitans, ſe retireront chez leur hôte à ſept heures du ſoir, à peine de vingt-quatre heures de priſon pour la première fois qu'ils auront été ſurpris dans les rues après ladite heure; & en cas de récidive, d'être renvoyez à leur régiment.

V I I I.

DÉFEND Sa Majeſté auxdits Soldats, Cavaliers & Dragons, d'exiger de leurs hôtes autre choſe que le lit & place au feu & à la lumière deſdits hôtes, chez leſquels ils vivront au moyen de leur ſolde, à peine de vingt-quatre heures de priſon, & d'être renvoyez à leur régiment.

I X.

CEUX qui auront obtenu permiſſion de ſortir de l'hôpital, s'il y en a, ou ceux qui ſeront logez chez les habitans, ne pourront, pour quelque cauſe que ce ſoit, s'éloigner du lieu où ſe prennent les eaux, & aller dans les villages voiſins, ni aller manger & boire au cabaret, ſous les mêmes

peines; faifant Sa Majefté très-expreffes défenfes aux habitans de donner ni vendre du vin, de l'eau de vie, ou autre
boiffon que ce puiffe être, aux Soldats, Cavaliers & Dra-
gons.nourris à l'hôpital; & dans les lieux où ils vivront au
moyen de leur folde, plus d'une chopine de vin à la fois
& dans le même jour, à peine de cent livres d'amende pour
la première contravention, & de plus grande punition en
cas de récidive : Enjoint aux Officiers municipaux de tenir
la main à l'exécution du préfent article, à peine d'en de-
meurer refponfables.

X.

FAIT pareillement Sa Majefté très-expreffes défenfes
aux Soldats, Cavaliers & Dragons, de faire aucun trafic de
tabac, ou autres marchandifes, même de celles dont le com-
merce eft permis aux particuliers, à peine d'être arrêtez &
punis fuivant la rigueur des ordonnances.

X I.

CHAQUE Soldat, Cavalier ou Dragon, qui ayant ac-
compli fon tems aux eaux, fe trouvera en état de retourner
à fon régiment, fortira de l'hôpital, s'il y en a, auffi-tôt qu'il
fera renvoyé par le médecin ou par le chirurgien; obfervant de prendre un billet de fortie en la même forme &
manière que celle qui fera indiquée au titre XVII, article
III & fuivans : & à l'égard des lieux où il n'y a point d'hôpitaux, les billets leur feront expédiez par le Commiffaire des
guerres.

X I I.

ORDONNE Sa Majefté qu'au défaut de Commiffaire
des guerres, tout ce qui lui eft prefcrit par les articles du
préfent titre, fera exécuté par le Subdélégué de l'Intendant;
au défaut du Subdélégué, par l'Officier de maréchauffée en
réfidence, & au défaut d'Officier de maréchauffée en réfidence, par le principal Officier municipal de chaque lieu;
auxquels Sa Majefté mande & ordonne de tenir la main
chacun en droit foi, à l'exécution de ce que deffus.

TITRE QUATORZIEME.

De la netteté, clarté & température dans les hôpitaux.

ARTICLE PREMIER.

DANS les hôpitaux fixes & fédentaires le Commiffaire des guerres donnera fes ordres pour faire blanchir les falles & les portes, & lambris, avec de la chaux vive, au commencement du printems, afin d'y entretenir la propreté & de détruire les infectes. Il en fera ufé de même, autant que faire fe pourra, lors de l'établiffement des hôpitaux que le fervice des armées exige en tems de guerre.

I I.

LE contrôleur fera particulièrement chargé, fous les ordres du Commiffaire des guerres, de faire balayer & nettoyer les falles deux fois par jour, le matin avant les vifites & panfemens, le foir immédiatement après les repas, & plus fouvent s'il eft néceffaire ; il fera pareillement balayer les cours & les efcaliers, au moins une fois par jour.

I I I.

LE même contrôleur aura foin de faire parfumer les falles, en y faifant brûler du bois de genièvre ou autre bois odoriferent, trois fois par jour pour le moins, fur-tout avant & pendant les panfemens.

I V.

IL fera tenir les cuifines, la boulangerie, la boucherie & autres endroits de l'hôpital, dans un grand état de netteté, & ordonnera aux cuifiniers de laver les tables où fe coupe la viande des malades, deux fois par jour, avec de l'eau bouillante.

V.

IL vifitera très-fouvent les uftenfiles de cuivre, pour examiner s'il n'y a point de verd de gris, & obligera le directeur ou entrepreneur à les faire étamer, lorfqu'il en fera befoin, & au moins tous les mois.

V I.

V I.

IL veillera à ce que les infirmiers fervant les malades, fe tiennent fur eux le plus proprement qu'il leur fera poffible, & fera renvoyer ceux qui, après avoir été avertis, ne fe conformeroient pas à ce qu'il leur aura ordonné à cet égard.

V I I.

AUX approches de l'hiver le Commiffaire des guerres fera vifiter & mettre en état les poêles & fourneaux fervant à chauffer les falles des malades, fans attendre qu'il faffe froid, & obligera l'entrepreneur ou directeur à faire une provifion de bois fuffifante.

V I I I.

LE feu commencera à être allumé dans lefdites falles au jour qui fera fixé par le Commiffaire des guerres, & ceffera pareillement au jour ordonné de la même manière; à quoi le contrôleur aura foin de tenir la main.

I X.

DANS les beaux jours le contrôleur fera ouvrir les fenêtres, pour donner de l'air aux falles; ce qu'il ne fera néanmoins que du confentement du médecin ou du chirurgien-major.

X.

Les Lampes feront allumées dans l'hôpital, une demi-heure avant la nuit, par les infirmiers, & entretenues fans difcontinuation, tant qu'elle durera, de l'huile qui fera fournie à cet effet par l'entrepreneur. Le Commiffaire des guerres ordonnera le nombre de lumières qu'il jugera néceffaire, & le contrôleur tiendra encore la main à l'exécution des ordres du Commiffaire des guerres à cet égard.

TITRE QUINZIEME.

De la police dans l'intérieur des hôpitaux.

ARTICLE PREMIER.

IL ne fera fouffert aucunes armes aux malades ou bleffés,

dans les falles de l'hôpital; & fi quelqu'un d'eux fe trouve en avoir, elles lui feront ôtées: celles qui feront partie de l'armement uniforme du régiment, feront remifes au magafin, & les autres feront confifquées au profit des pauvres du lieu.

I I.

FAIT Sa Majefté très-expreffes défenfes à tous Soldats, Cavaliers ou Dragons malades ou bleffez, de porter fur eux de la poudre à tirer dans lefdites falles, à peine d'être févèrement punis à leur fortie.

I I I.

LORSQU'IL y aura deux portes d'entrée dans un hôpital, il n'en fera laiffé qu'une ouverte, avec une barrière à laquelle l'entrepreneur mettra un commis ou portier à fes frais, à l'effet de ne laiffer entrer aucunes femmes dans l'hôpital, & de n'en laiffer fortir aucuns malades, convalefcens ou infirmiers, fans un billet figné d'un Officier de l'hôpital; comme auffi de ne permettre l'entrée d'aucunes denrées, boiffons, fruits ou autres alimens, que ceux qui feront introduits par l'entrepreneur pour le fervice, ou par les Officiers dudit hôpital pour leur confommation particulière. Il fera permis audit portier de fouiller les gens qui lui paroîtront fufpects, pour être les chofes qui appartiendront audit entrepreneur, à lui rendues, & les autres prifes en contravention, confifquées au profit dudit portier, auquel la fentinelle & la garde de l'hôpital prêteront mainforte quand il le requerra.

I V.

TOUT Soldat, Cavalier ou Dragon malade ou convalefcent, qui fera forti de l'hôpital fans permiffion, qui découchera, ou qui rentrera ivre, fera mis en prifon au pain & à l'eau par le Commiffaire des guerres.

V.

LES Soldats qui ayant eu la permiffion de fortir, apporteront à leurs camarades des boiffons & alimens de quelque efpèce que ce puiffe être, & ceux des malades ou bleffés

qui vendront leurs portions à d'autres, feront mis à la diète
le lendemain.

V I.

To u t Soldat malade, accufé ou convaincu de crime,
fera gardé à vûe, à l'effet que le Commiffaire des guerres
le faffe punir à fa fortie, des peines proportionnées au délit.

V I I.

Le Commiffaire des guerres & le contrôleur écouteront
les plaintes qui leur feront portées par les malades ou bleffés, afin de leur faire rendre juftice.

V I I I.

Le s malades ou bleffés qui infulteront les chirurgiens
ou infirmiers, ou autres perfonnes qui les fervent, feront
punis févèrement par le Commiffaire des guerres à leur
fortie.

I X.

En j o i n t Sa Majefté aux malades & bleffés de porter
honneur & refpect aux aumôniers, frères de la charité,
& autres religieux & religieufes, médecins, chirurgiens,
apothicaires, contrôleurs, entrepreneurs & leurs commis,
à peine de punition exemplaire.

X.

To u s les Officiers de chaque hôpital tiendront exactement la main à ce que les convalefcens ne fument dans
leur lit & dans les falles, à peine de châtiment, fauf aufdits
convalefcens à aller fumer dans les lieux qui leur feront
indiquez à cet effet.

X I.

En j o i n t pareillement Sa Majefté à tous officiers de
fes hôpitaux, d'empêcher les malades ou bleffés de jouer
dans les falles à aucune forte de jeux qui peuvent faire du
bruit ou exciter des querelles & rixes: Veut & ordonne
que l'argent qui fe trouvera devant les joueurs, foit faifi
& diftribué fur le champ aux pauvres.

X I I.

To u t Soldat, Cavalier ou Dragon, qui jurera, blafphémera, ou tiendra de mauvais difcours dans l'hôpital, fera puni par le Commiffaire des guerres, felon l'exigence des cas, foit pendant fon féjour à l'hôpital, foit à fa fortie.

XIII.

Fait Sa Majefté défenfes à tous malades ou bleffés d'entrer dans les bureaux, cuifines, boucheries, panneteries, caves, apothicaireries, magafins, & autres lieux où leur préfence n'eft pas néceffaire, & d'y troubler le fervice, à peine de punition arbitraire.

XIV.

Tout Soldat qui ne fe trouvera pas à fon lit lors de la diftribution des alimens, en fera privé; leur fait Sa Majefté défenfes de manger & boire dans une autre place que celle où ils couchent.

TITRE SEIZIE'ME.

Des Teftamens des malades ou bleffés dans les hôpitaux.

Article Premier.

Nul ne pourra tefter en faveur des Officiers de l'hôpital où il fera, pas même de l'aumônier ni de fon couvent, fous prétexte de legs pieux; & les teftamens au profit defdits officiers de l'hôpital, aumôniers ou leurs couvents, feront nuls & de nul effet: l'aumônier pourra cependant, en envoyant l'extrait mortuaire, avertir la famille des intentions du défunt.

TITRE DIX-SEPTIE'ME.

De la fortie des Soldats, Cavaliers & Dragons, des hôpitaux.

Article Premier.

Les malades ou bleffés qui doivent fortir de l'hôpital, feront infcrits dès la veille dans une note qui fera remife à cet effet par les médecins & chirurgiens-majors au

contrôleur

contrôleur de l'hôpital, s'il y en a, ou, à son défaut, au Commissaire des guerres, qui viseront ladite note & la remettront au directeur ou entrepreneur de l'hôpital.

I I.

AU moyen de la note ci-dessus, le directeur ou entrepreneur étant averti des malades ou blessés qui doivent sortir le lendemain, la journée de la sortie ne sera point passée auxdits directeurs & entrepreneurs dans l'état qui sera arrêté chaque mois de la dépense de l'hôpital.

I I I.

LORS de la sortie des Soldats, Cavaliers ou Dragons de l'hôpital où ils auront été guéris, pour rejoindre leur corps, il leur sera expédié par l'entrepreneur ou directeur, un billet de sortie dans un cartouche, contenant le nom du régiment & de la compagnie, ceux de famille & de guerre du Soldat, Cavalier ou Dragon, celui du lieu de sa naissance, l'élection, bailliage, sénéchaussée ou châtellenie dans le ressort desquels ledit lieu sera situé, la date de son entrée dans l'hôpital, & celle de sa sortie.

I V.

LES Soldats, Cavaliers ou Dragons sortis des hôpitaux, feront tenus en rejoignant leur corps, de représenter & remettre leur billet de sortie à leur Capitaine; à peine pour ceux qui ne le représenteront pas, d'être punis comme vagabonds, & d'être privez du décompte qui leur doit être fait par leur Capitaine, ainsi qu'il sera expliqué ci-après; & à l'égard des Soldats, Cavaliers ou Dragons qui, à compter du jour de leur sortie, auront employé pour rejoindre leur corps, au delà du tems nécessaire, ils seront punis comme vagabonds, s'ils n'ont excuse légitime & justifiée.

V.

DÉFEND Sa Majesté aux médecins de ses hôpitaux & aux chirurgiens-majors, de souffrir dans lesdits hôpitaux aucuns écrouelleux, épileptiques, & généralement aucuns malades attaquez de maux incurables, ou hors d'état de servir par les suites de leurs blessures ou par leurs infirmités.

K

Enjoint Sa Majesté auxdits médecins & chirurgiens-majors de comprendre les malades de cette espèce dans la note de ceux qui doivent être renvoyez le lendemain, même de les faire sortir sur le champ s'ils jugent leur présence dangereuse dans l'hôpital, & de certifier sommairement de leur état au dos de leur billet de sortie : le tout à peine par lesdits médecins & chirurgiens d'en répondre, & de privation de leur emploi. Ordonne Sadite Majesté aux Commissaires des guerres, & aux contrôleurs en leur absence, de donner avis aux Officiers-majors des régimens, des Soldats ainsi renvoyez comme incurables, afin qu'ils ne soient plus compris à l'avenir dans les revûes desdits régimens & états des Soldats, Cavaliers & Dragons déclarez comme étant aux hôpitaux lors desdites revûes.

V I.

N'ENTEND néanmoins Sa Majesté comprendre dans la disposition du précédent article les Soldats, Cavaliers ou Dragons, qui par l'ancienneté de leurs services ou par leurs blessures paroîtront dans le cas d'avoir mérité les Invalides, auxquels sera donné par le Commissaire des guerres un délai suffisant pour écrire à leur régiment & en faire venir les certificats nécessaires; lequel délai sera arbitré par le Commissaire, eu égard à la distance du régiment, & ne pourra excéder le mois dans l'étendue du royaume. Le délai passé sans que le Soldat, Cavalier ou Dragon ait reçu ses certificats, il sera mis hors de l'hôpital en la forme ci-dessus; & s'il les a reçus, le Commissaire des guerres en informera sur le champ le Secrétaire d'état ayant le département de la guerre, afin qu'il y pourvoye.

V I I.

POUR l'exécution des articles précédens, veut & ordonne Sa Majesté que chaque chirurgien-major soit tenu d'avoir un registre coté & paraphé à chaque page par le Commissaire des guerres, dans lequel il inscrira les noms de famille & de guerre, le lieu de la naissance, l'élection, bailliage, sénéchaussée ou châtellenie dans le ressort desquels ledit lieu fera fitué; le nom du régiment, celui de la compagnie, & le jour de l'entrée dans l'hôpital, de chaque Soldat, Cavalier ou Dragon, qui ayant été traités dans ledit hôpital, ne fe trouveront plus en état de fervir par leurs infirmités; même ceux qui s'étant préfentez pour être reçus, auront été renvoyez comme incurables : il y expliquera par un détail fommaire dans une colonne d'obfervations, le genre d'infirmités dont l'incurable eft attaqué; duquel regiftre ledit chirurgien-major envoyera le premier de chaque mois, au Secrétaire d'état ayant le département de la guerre, un extrait pour le mois précédent, vifé par le médecin de l'hôpital, s'il y en a.

V I I I.

EN cas de changement du chirurgien-major de l'hôpital, pour paffer dans un autre, ou pour toute autre deftination, ledit chirurgien-major fortant fera tenu de remettre le regiftre ci-deffus au chirurgien-major entrant, & ne fera payé de fes appointemens qu'en rapportant le récépiffé dudit regiftre, figné par fon fucceffeur.

I X.

QUANT aux convalefcens dont la fortie aura été ordonnée par la note du jour précédent, les médecins ou chirurgiens-majors fe feront repréfenter ladite note, pour connoître fi les malades font effectivement renvoyez, ou examiner fi les caufes pour lefquelles ils auroient été retenus, font légitimes : en cas qu'elles ne le foient pas, ils en donneront avis fur le champ au Commiffaire des guerres & au contrôleur, pour y pourvoir; & faute par les Commiffaires des guerres & contrôleurs, d'avoir fait fortir lefdits convalefcens, lefdits médecins & chirurgiens-majors en inftruiront le Secrétaire d'état ayant le département de la guerre, par la mention qu'ils en feront dans la colonne d'obfervations de l'extrait de leur regiftre pour chaque mois.

X.

LES médecins & chirurgiens-majors ne fouffriront, en aucun cas, que les convalefcens foient employez comme infirmiers dans l'hôpital ; au cas qu'ils s'aperçoivent de cet abus, ils en avertiront pareillement le Commiſſaire des guerres & le contrôleur, à l'effet d'y remédier ; & même en inſtruiront le Secrétaire d'état ayant le département de la guerre, s'il n'y étoit pas pourvû.

X I.

TOUT ce que deſſus ſera exécuté par les médecins & chirurgiens-majors, à peine de la retenue d'un mois de leurs appointemens pour l'omiſſion de l'envoi chaque mois de l'extrait de leur regiſtre, même de plus grande peine s'il y échéoit ; & à l'égard des autres abus auxquels ils auroient donné lieu par leur négligence ou leur connivence, à peine de deſtitution de leur emploi, & d'être déclarez incapables de ſervir de leur vie dans des hôpitaux du Roy.

X I I.

LES directeurs & entrepreneurs des hôpitaux rendront gratuitement aux Capitaines l'habit & les hardes des Soldats, Cavaliers & Dragons décédez dans leſdits hôpitaux : & pour les dédommager de l'écu qu'ils avoient coûtume de toucher pour ledit habit, veut Sa Majeſté que le Capitaine de chaque Soldat, Cavalier ou Dragon, qui ſortira en bonne ſanté de l'hôpital où il aura été aſſiſté, paye ſix ſols au directeur ou entrepreneur.

TITRE DIX-HUITIE'ME.

Des Morts, & de leur ſépulture.

ARTICLE PREMIER.

IMMÉDIATEMENT après le décès d'un malade ou bleſſé, ſon corps ſera tranſporté par les infirmiers de quartier, dans le lieu qui ſera deſtiné à cet effet dans l'hôpital. Fait Sa Majeſté très-expreſſes inhibitions & défenſes de laiſſer aucun mort dans les ſalles ou lieux de paſſage, à peine de punition exemplaire contre les infirmiers.

II.

I I.

LES corps des malades ou bleffés décédez, ne feront enterrez que vingt-quatre heures au plûtôt après leur mort, fi ce n'eft dans le cas de crainte de corruption, ou autres cas qui doivent être exceptez pour la falubrité de l'hôpital, defquels cas il n'y aura que le médecin & le chirurgien-major qui puiffent décider.

I I I.

LES enterremens feront faits, autant qu'il fera poffible, à la pointe du jour. Enjoint Sa Majefté aux aumôniers d'y affifter, pour y réciter les prières ordonnées par l'églife.

I V.

LES foffes dans lefquelles les morts feront dépofez, auront au moins quatre pieds de profondeur, & feront bien exactement remplies de terre bien foulée, après que les corps y auront été placez. Veut Sa Majefté que les foffoyeurs ou tous autres qui fe trouveront convaincus d'avoir enlevé les draps ou linceuls dans lefquels lefdits défunts auront été enfevelis, foient mis en prifon pour être punis fuivant l'exigence du cas.

V.

PERMET & même enjoint Sa Majefté aux médecins & chirurgiens de fes hôpitaux, en cas de foupçon de maladie épidémique ou autres cas finguliers, de faire ou faire faire en leur préfence ouverture des cadavres, à l'effet d'acquérir la connoiffance des caufes defdits cas & maladies, néceffaires à leur traitement; de laquelle ouverture ils drefferont procès verbal contenant leurs obfervations, s'il y en a à faire qui leur paroiffent importantes, & adrefferont fur le champ ledit procès verbal à l'Intendant du département & au Secrétaire d'état ayant le département de la guerre.

V I.

L'AUMOSNIER de chaque hôpital fera tenu d'avoir un regiftre cotté & paraphé à chaque page par le Commiffaire des guerres, dans lequel il infcrira tous les malades ou bleffés qui feront morts dans l'hôpital dont il a la direction spirituelle: ce regiſtre contiendra le nom de famille & de guerre de chaque Soldat, Cavalier ou Dragon, le lieu de ſa naiſſance, l'élection, bailliage, ſénéchauſſée ou châtellenie dans le reſſort deſquels ledit lieu ſera ſitué, le nom du régiment & de la compagnie où il ſervoit, la date du jour de ſon entrée dans l'hôpital, & celle du jour qu'il ſera décédé.

V I I.

Au cas que l'aumônier n'eût pas par lui-même connoiſſance du Soldat, Cavalier ou Dragon décédé, pour pouvoir en porter tous ſignalemens requis ſur ſon regiſtre, il aura recours au billet d'entrée, que l'entrepreneur ou directeur ſera tenu de lui repréſenter.

V I I I.

En cas de retraite ou changement de l'aumônier d'un hôpital, pour paſſer dans un autre, l'aumônier ſortant ſera tenu de remettre à l'aumônier entrant le regiſtre ci-deſſus; & ledit aumônier ſortant ne ſera payé de ſes appointemens qu'en rapportant le récépiſſé dudit regiſtre ſigné par ſon ſucceſſeur.

I X.

L'aumosnier tirera journellement de chaque article de ſon regiſtre, deux certificats du décès de chaque Soldat, Cavalier & Dragon décédé; leſquels certificats il fera ſigner & légaliſer par le Commiſſaire des guerres, pour les envoyer au régiment, d'où le Capitaine ou Officier commandant la compagnie en ſon abſence, en fera paſſer un à la famille du défunt.

X.

L'aumosnier en place à la fin de chaque mois, envoyera le premier du mois ſuivant, au Secrétaire d'état ayant le département de la guerre, extrait de ſon regiſtre pour le courant du mois précédent.

X I.

Tout ce que deſſus ſera exécuté par les aumôniers de chacun des hôpitaux de Sa Majeſté, à peine de la retenue d'un mois de leurs appointemens pour la première contravention ; & en cas de récidive, d'être renvoyez de l'hôpital, sans espérance d'y pouvoir être rétablis, ni dans aucun autre.

X I I.

POUR assurer la connoissance nécessaire à l'ordre des successions & au repos des familles des Soldats, Cavaliers & Dragons décédez au service du Roy, & remédier aux inconvéniens qui pourroient résulter de la perte des registres des aumôniers, ou des certificats mortuaires envoyez aux régimens ; ordonne Sa Majesté que par les ordres du Secrétaire d'état ayant le département de la guerre, il sera tenu un registre alphabétique, dans lequel, régiment par régiment & compagnie par compagnie, seront enregistrez tous les Soldats, Cavaliers ou Dragons morts dans les hôpitaux du royaume ; ledit registre contenant leurs noms de famille & de guerre, le lieu de leur naissance, l'élection, bailliage, sénéchaussée ou châtellenie dans le ressort desquels ledit lieu sera situé, le nom de l'hôpital où ils seront décédez, & la date de leur décès ; duquel registre il sera délivré des extraits par celui qui sera commis & préposé à cet effet par ledit Secrétaire d'état.

TITRE DIX-NEUVIÈME.

De l'hôpital ambulant.

ARTICLE PREMIER.

SOIT que les hôpitaux ambulans à la suite des armées soient desservis par régie ou par entreprise, on s'y conformera à tout ce qui est prescrit dans les titres & articles du présent règlement.

I I.

FAIT défenses Sa Majesté aux Officiers de ses troupes, d'expédier aux Soldats, Cavaliers & Dragons malades ou blessés, aucuns billets d'entrée dans les hôpitaux ambulans, lorsque lesdits malades ou blessés seront en état de se tranſporter ſans danger dans l'hôpital fixe le plus prochain.

III.

FAIT Sa Majeſté ſemblables défenſes aux Commiſſaires des guerres, directeurs & contrôleurs, ayant la police & adminiſtration des hôpitaux ambulans, d'y recevoir ou admettre aucun Soldat, Cavalier ou Dragon malade ou bleſſé, qui ſera en état de ſe rendre ſans danger dans l'hôpital fixe le plus prochain ; leur enjoint de les renvoyer à leurs Officiers, pour leur être expédié d'autres billets ; ſauf néanmoins le cas où leſdits Officiers ſe trouveroient trop éloignez, auquel cas les Commiſſaires des guerres pourront mettre au dos du billet qui leur ſera préſenté, l'ordre pour la réception du malade ou bleſſé dans ledit hôpital plus prochain.

IV.

LES malades ou bleſſés n'étant admis dans les hôpitaux ambulans que pour y recevoir les premiers ſecours, leſdits hôpitaux ſeront évacuez journellement ſur l'hôpital le plus prochain, & ce conformément à ce qui eſt porté par le titre II.

TITRE VINGTIEME.

De la forme & de l'arrêté mois par mois, des états de dépenſe des hôpitaux du Roy.

ARTICLE PREMIER.

LE directeur ou entrepreneur de chaque hôpital ſera tenu d'avoir un regiſtre ſur lequel il portera jour par jour, & ſans aucun blanc ni interligne, tous les malades ou bleſſés reſtez dans l'hôpital le dernier du mois précédent, ceux qui y ſeront entrez pendant le mois courant, ceux qui en ſeront ſortis, & enfin ceux qui y ſeront décédez : ce regiſtre ſera paraphé à chaque page par le Commiſſaire des guerres.

II.

LE regiſtre contiendra pour chaque malade ou bleſſé,

les noms du régiment & de la compagnie, ceux de famille
& de guerre, avec la qualité, le lieu de la naiſſance, l'élection, bailliage, ſénéchauſſée ou châtellenie dans le reſſort
deſquels ledit lieu ſera ſitué, le jour de l'entrée, celui de
la ſortie & celui de la mort, conformément aux billets
d'entrée qui leur ſeront remis ainſi qu'il eſt ordonné au
titre premier précédent article III; & ledit entrepreneur ou
directeur enliaſſera leſdits billets d'entrée lors de leur réception, par ordre de régiment & de date.

I I I.

LE contrôleur de l'hôpital, s'il y en a, tiendra de ſa
part un regiſtre ſemblable, qu'il ſera en état de remplir
au moyen des billets d'entrée qui lui ſeront préſentez avant
d'être remis à l'entrepreneur ou directeur, des états de tranſport des malades de l'hôpital dans un autre, des notes des
médecins & chirurgiens-majors pour la ſortie des conva-
leſcens ou incurables, qui lui ſeront communiquées chaque
jour, des billets deſdites ſorties, qu'il viſera, & des regiſtres
des aumôniers & chirurgiens, qu'ils ſeront tenus de lui repréſenter toutes les fois qu'il le demandera.

I V.

AU premier de chaque mois l'entrepreneur ou directeur
de l'hôpital ſera tenu de préſenter au Commiſſaire des
guerres l'état des journées des Soldats, Cavaliers ou Dragons qui reſtoient audit hôpital au premier du mois précédent, de ceux qui y ſeront entrez malades ou bleſſés pendant ledit mois, de ceux qui en ſeront ſortis, & de ceux
qui y ſeront décédez. Cet état ſera diſtingué régiment par
régiment, & contiendra en pluſieurs colonnes, le nom de
la compagnie de chaque Soldat, Cavalier ou Dragon, ſes
noms de famille & de guerre, avec ſes qualités, le lieu de
ſa naiſſance, l'élection, bailliage, ſenéchauſſée ou châtellenie dans le reſſort deſquels ledit lieu ſera ſitué, & par les
lettres diſtinctives *M. B. V.* s'il eſt malade, bleſſé ou attaqué
du mal vénérien, les jours d'entrée, de ſortie ou de mort,
& le total des journées que chaque malade ou bleſſé aura

M

été dans l'hôpital pendant ledit mois.

V.

L'ENTREPRENEUR ou directeur joindra à l'état ci-dessus les pièces justificatives de l'entrée de chaque Soldat, Cavalier ou Dragon, consistant dans les billets d'entrée & les états de transport des malades & blessés qui auront été envoyez des autres hôpitaux.

V I.

L'ÉTAT contiendra ensuite une récapitulation de la dépense, contenant en plusieurs colonnes, régiment par régiment, le nombre & qualités des malades ou blessés, le nombre des journées, le prix accordé à l'entrepreneur, la retenue à faire à chaque corps, tant pour la solde que pour le droit de six sols pour la sortie de chaque convalescent, le supplément à payer par le Roy, & le total de chaque article.

V I I.

ENFIN l'état sera terminé par une seconde récapitulation des malades ou blessés restez du mois précédent, de ceux qui feront entrez, fortis ou morts pendant le mois dont il s'agit de constater l'état, & de ceux qui restoient le dernier dudit mois.

V I I I.

L'ENTREPRENEUR ou directeur sera tenu de faire mention dans la colonne des jours de sortie, des Soldats, Cavaliers ou Dragons qui, de son hôpital, auront été envoyez dans un autre; ce qu'il fera en écrivant au dessous de la date de la sortie, le nom de l'hôpital où le Soldat, Cavalier ou Dragon aura été envoyé.

I X.

L'ÉTAT présenté au Commissaire des guerres en la forme ci-dessus, fera par lui vérifié sur les pièces justificatives, en présence du contrôleur, de l'aumônier, du médecin & du chirurgien-major, lesquels apporteront les registres qu'ils auront tenus, & les communiqueront au Commissaire lorsqu'ils en feront requis; & ladite vérification faite, l'état fera clos & arrêté par ledit Commiſſaire, & viſé par le contrôleur.

X.

VEUT & ordonne Sa Majeſté qu'au cas que par la vérification ci-deſſus, il ſe trouve que les directeurs ou entrepreneurs aient employé des noms de malades ou bleſſés, ſup-
poſez, ou qu'ils aient augmenté les journées deſdits malades ou bleſſés au delà de celles qu'ils ont effectivement
paſſées dans l'hôpital, il en ſoit dreſſé procès verbal par le
Commiſſaire des guerres, qui le fera ſigner par le contrôleur, aumônier, médecin & chirurgien-major, préſens; pour,
ſur le vû dudit procès verbal, être leſdits directeurs ou entrepreneurs condamnez aux peines portées en l'article XVI
du titre premier; & au cas qu'il y ait un dénonciateur, la
moitié de l'amende de quinze cens livres fera prononcée
à ſon profit, l'autre moitié au profit de l'hôpital du lieu ou
du plus prochain; de laquelle moitié d'amende le dénonciateur fera payé en déduction de ce qui fera dû au directeur
ou entrepreneur coupable, ſur le certificat du Commiſſaire
des guerres, portant que la fauſſeté ou ſuppoſition ont
été reconnues ſur ſa dénonciation.

X I.

IL fera fait deux expéditions de l'état de chaque mois,
ſignées l'une comme l'autre, par l'entrepreneur ou directeur, par le contrôleur & Commiſſaire des guerres; deſquelles expéditions l'une fera adreſſée au Secrétaire d'état
ayant le département de la guerre, avec les pièces juſtifi-
catives, & la ſeconde expédition fera envoyée à l'Intendant,
pour ordonner le payement de la dépenſe à la charge de
la retenue, à l'effet de laquelle ladite expédition fera remiſe
au Tréſorier général : Et feront leſdites expéditions remiſes
à leur deſtination le 10, & au plus tard le 15 du mois ſuivant
celui pour lequel l'état aura été arrêté; à peine contre le
directeur ou entrepreneur, de cent livres d'amende pour
chaque jour de retard, ſauf néanmoins à avoir égard à l'é-
loignement des hôpitaux établis pour les armées en pays
étranger.

X I I.

IL fera arrêté tous les mois, & envoyé dans le même délai & fous les mêmes peines, un état féparé dans chaque hôpital, pour les troupes de la Maifon du Roy qui reçoivent leur payement par les mains du Tréforier général de l'Ordinaire des guerres, auquel lefdits états féparez feront remis, pour opérer par lui les retenues fur lefdites troupes.

TITRE VINGT-UNIEME.

Des retenues aux troupes pour journées d'hôpitaux.

ARTICLE PREMIER.

LA folde des Sergens, Caporaux, Anfpeffades, Grenadiers, Soldats, y compris ceux de Royal-Artillerie Compagnies de Mineurs & Ouvriers, Brigadiers, Carabiniers, Cavaliers, Dragons & Huffards, qui feront malades dans les hôpitaux du Roy, fera payée à l'entrepreneur jufques à concurrence du prix réglé par fon marché pour chaque journée de malade, déduction faite de ce qui eft affecté à l'entretien du linge & chauffure, à la Maffe pour les troupes qui la reçoivent conjointement avec le prêt, & au ferrage pour la Cavalerie.

I I.

LADITE folde, aux déductions portées en l'article précédent, fera payée à l'entrepreneur fans aucune retenue des quatre deniers pour livre.

I I I.

LORSQU'UN malade fortira de l'hôpital, il lui fera fait décompte par fon Capitaine, de ce qui eft affecté à fon entretien & chauffure, pour tout le tems qu'il y aura paffé; & fi fa folde, après ladite déduction, fe trouve excéder le prix de la journée fixé à l'entrepreneur, la fomme à laquelle fe trouvera monter cet excédent, lui fera pareillement payée.

I V.

L'EXCÉDENT du prix de la journée du malade au delà
de

de la folde, fera payé à l'entrepreneur comme par le paffé, fur le compte de Sa Majefté, par le Tréforier de l'Extraordinaire des guerres.

V.

LES journées qui fe trouveront employées dans les états d'hôpitaux pour le trente-unième jour des mois de janvier, mars, mai, juillet, août, octobre & décembre, feront payées en entier par ledit Tréforier, fur le compte de Sa Majefté, & fur le même pied que les autres journées.

V I.

A l'égard des Sergens, Caporaux, Anfpeffades & Soldats des régimens Suiffes, & de ceux d'Infanterie allemande d'Alface, de Saxe, la Marck, Royal-Suédois, Royal-Bavière & Lowendal, dont la folde n'eft point détaillée par les ordonnances de Sa Majefté, Elle veut & entend que le prix des journées qu'ils auront paffées à l'hôpital, leur foit retenu fur le même pied qu'aux Sergens, Caporaux, Anfpeffades & Soldats d'Infanterie françoife.

TITRE VINGT-DEUXIEME.

Des Commiffaires des guerres chargez de la police des hôpitaux.

ARTICLE PREMIER.

TOUS les officiers & employés de chaque hôpital, fans aucune exception, feront aux ordres du Commiffaire des guerres, auquel ils rendront compte de leur conduite, & feront tenus de repréfenter leurs regiftres toutes les fois qu'il le requerra, à peine de défobéiffance.

I I.

LE Commiffaire des guerres tiendra la main à ce que lefdits officiers & employés exécutent ce qui leur eft prefcrit par les articles précédens du préfent règlement, & par ceux qui vont fuivre. En cas de négligence, fraude ou autres délits de la part des directeur, contrôleur, aumônier, médecin, chirurgien-major ou aide-major & apothicaire en chef, il en inftruira l'Intendant du département, & procédera contr'eux ainfi qu'il eft ci-deffus ordonné pour les cas qui ont été prévûs, même pourra les interdire pour cas graves, & jufqu'à ce qu'autrement en ait été ordonné.

I I I.

A l'égard des garçons chirurgiens, garçons apothicaires, infirmiers, portiers, cuifiniers, balayeurs, & généralement de tous les bas employés de l'hôpital commis à fes foins, il les punira des peines portées au préfent règlement ; & dans les cas imprévûs, par amendes au profit des pauvres du lieu, expulfion de l'hôpital & emprifonnement, fuivant les circonftances : à la charge néanmoins, audit cas d'emprifonnement, d'en informer l'Intendant du département, & d'attendre fes ordres pour mettre le coupable en liberté, ou pour paffer à de plus grandes pourfuites.

I V.

Tout Soldat, Cavalier ou Dragon malade ou bleffé dans l'hôpital, fera pareillement foûmis aux ordres & à la jurifdiction du Commiffaire des guerres, dans les cas ci-devant prévûs, ou autres de défobéiffance, ou qui intérefferont la police & le bon ordre dans l'hôpital.

V.

Le Sergent de garde de l'hôpital recevra les confignes du Commiffaire des guerres, pour les donner aux fentinelles, & fera à fes ordres.

V I.

Indépendamment des vifites journalières que le Commiffaire des guerres fera dans toutes les falles, offices & magafins de l'hôpital, il en fera fouvent d'extraordinaires, de jour & de nuit, & aux momens où il fera le moins attendu, pour s'affurer par lui-même de la régularité avec laquelle fe fait le fervice. Lors de ces vifites il fe fera rapporter le regiftre de l'entrepreneur ou du directeur, fur lequel il fera lui-même l'appel des malades & bleffés, chirurgiens, apothicaires & infirmiers ; & au cas de fuppofition, il procédera contre l'entrepreneur ou le directeur, ainſi qu'il eſt porté par l'article XVI du titre premier.

VII.

LE Commiſſaire des guerres ſera tenu au ſurplus, de ſe conformer à tout ce qui le concerne perſonnellement dans les articles du préſent règlement.

TITRE VINGT-TROISIEME.

Des Contrôleurs.

ARTICLE PREMIER.

LE Contrôleur établi dans chaque hôpital ſuppléera aux fonctions du Commiſſaire des guerres en ſon abſence, à l'exception néanmoins des cas de juriſdiction & des peines à prononcer, qui ſeront réſervez audit Commiſſaire des guerres, pour y pourvoir à ſon retour, ſur le compte qui lui en ſera rendu par le contrôleur.

II.

A l'égard des fonctions particulières qui le concernent, il ſe conformera à tout ce qui eſt preſcrit par les articles précédens, ou ſuivans, du préſent règlement, & exécutera ponctuellement les ordres qui lui ſeront donnez par le Commiſſaire des guerres.

III.

SUR la repréſentation des billets d'entrée, le contrôleur tiendra un regiſtre de tous les Soldats, Cavaliers ou Dragons qui ſeront reçus dans l'hôpital, duquel regiſtre il remettra chaque jour un extrait au Commiſſaire des guerres, & un autre au Commandant ou Major de la place, s'il le requiert. Il aura ſoin, à l'égard de ceux qui ſeront ſortis ou décédez, de faire mention à leur article, de la date de leur ſortie ou de leur mort, leſquelles mentions il portera pareillement dans les extraits qu'il fournira au Commiſſaire des guerres, Commandant ou Major de la place.

IV.

LE même contrôleur tiendra pareillement un autre regiſtre de tous les garçons chirurgiens, garçons apothicaires

& infirmiers fervant les malades & bleffés, lequel agenda contiendra leurs noms, les jours de leur entrée, ceux de leur fortie, & ceux auxquels ils auront ceffé de fervir pour caufe de maladie. Il remettra à la fin de chaque mois, extrait de ce regiftre au Commiffaire des guerres, pour le mettre en état d'arrêter en plus grande connoiffance de caufe, l'état de la dépenfe de l'hôpital.

V.

LE contrôleur, en affiftant à l'arrêté dudit état de dépenfe de chaque mois, aura à la main lefdits regiftres, fur lefquels il vérifiera chaque article, pour empêcher les erreurs ou furprifes, & fera tenu de communiquer lefdits regiftres au Commiffaire des guerres, s'il le requiert.

V I.

IL fera régulièrement tous les jours pendant la nuit, à neuf ou dix heures, & quelquefois plus tard, aux heures qu'il fera le moins attendu, une ronde, pour voir fi les chirurgiens & infirmiers de garde veillent & font leur fervice, & faire punir ceux qui feront dans le cas de l'être.

V I I.

IL aura, autant qu'il lui fera poffible, dans chaque falle, un homme de confiance qui veille fécrétement fur la conduite des autres, & l'avertiffe de tout ce qui s'y paffera.

V I I I.

IL fera de tems en tems une vifite générale de tous les bâtimens de l'hôpital, dans laquelle il fe fera accompagner de maçons, charpentiers & autres experts, s'il eft néceffaire; & s'il trouve des réparations indifpenfables, il en informera fur le champ le Commiffaire des guerres, afin qu'il y pourvoie ainfi qu'il conviendra.

I X.

POUR prévenir tout accident d'incendie, il aura foin que les tuyaux des cheminées, fourneaux & poêles, foient nettoyez & ramonnez tous les quinze jours, & même plus fouvent s'il y échet : ce nettoyement étant à la charge de

l'entrepreneur,

l'entrepreneur, il l'y contraindra ou fera contraindre par le Commiſſaire des guerres.

TITRE VINGT-QUATRIÉME.

Des Entrepreneurs, leurs Directeurs, Commis ou Prépoſés.

ARTICLE PREMIER.

LES Entrepreneurs, leurs directeurs, commis ou prépoſés, tiendront des regiſtres exacts, & ſe conformeront ſcrupuleuſement à ce qui leur eſt preſcrit par le préſent règlement, ainſi que par les marchés qui leur ſont paſſez, ou le feront à l'avenir.

I I.

LES nourritures, traitement, tant en ſanté que maladie, ainſi que les gages & appointemens des directeurs, commis ou prépoſés des entrepreneurs, feront à la charge deſdits entrepreneurs, auxquels il ne ſera paſſé dans les états de dépenſe, que le traitement en maladie du contrôleur ou ſous-contrôleur, aumônier, médecin, chirurgien-major ou aide-major, apothicaire en chef, & autres dont les appointemens feront payez par le Roy.

I I I.

DANS les hôpitaux où il n'y aura point de contrôleur, tout ce qui eſt preſcrit au contrôleur ſera exécuté par l'entrepreneur ou par le directeur.

TITRE VINGT-CINQUIÉME.

De l'Aumônier.

ARTICLE PREMIER.

L'AUMOSNIER ne ſouffrira pas qu'aucun Soldat, Cavalier ou Dragon catholique, ſoit trois jours dans l'hôpital ſans ſe confeſſer, & n'attendra pas que le médecin ou chirurgien-major l'avertiſſe. Il dira tous les jours la meſſe à une heure réglée, fera la prière tous les ſoirs, & enſuite

O

une ronde dans les falles ; & ne négligera rien pour l'adminiftration des Sacremens.

I I.

L'AUMOSNIER fera de tems en tems des exhortations dans les falles, & couchera toûjours dans l'hôpital s'il eft poffible, ou au moins très à portée : en cas qu'il y en ait deux, il fuffira qu'un couche à l'hôpital toutes les nuits.

I I I.

LE pain, le vin, les cierges, & généralement tout ce qui fera néceffaire pour l'adminiftration des Sacremens & l'entretien de la chapelle, fera fourni par l'entrepreneur, lequel fera tenu d'avoir une lampe perpétuellement allumée devant l'autel.

I V.

ENJOINT au furplus Sa Majefté aux aumôniers de fes hôpitaux, de fe conformer à ce qui leur eft prefcrit par le titre XVIII du préfent règlement, concernant les regiftres mortuaires qu'ils doivent tenir, & les extraits qu'ils en doivent envoyer.

TITRE VINGT-SIXIE'ME.

Du Médecin.

ARTICLE PREMIER.

LE Médecin fe conformera à tout ce qui lui eft prefcrit par les articles du préfent règlement qui le concernent.

I I.

L'APOTHICAIRE en chef & les garçons apothicaires feront aux ordres principalement du médecin : aucun garçon apothicaire ne fera admis dans l'hôpital, qu'il n'ait été auparavant bien examiné par lui, ledit médecin devant être le maître de congédier lefdits garçons, & de les changer s'ils manquent de capacité & d'affiduité à leurs devoirs ; ce qu'il ne pourra faire néanmoins fans le confentement du Commiffaire des guerres. A l'égard de l'apothicaire en chef, ou Major des aide-majors & fous-aide-majors, il inftruira le

Commiffaire des guerres & l'Intendant des raifons qu'il y auroit de les renvoyer, afin qu'il y foit pourvû, & pourra même les interdire de toutes fonctions en cas de néceffité urgente, & jufques à nouvel ordre.

I I I.

D A N S les hôpitaux où il n'y aura point de médecin, ou en fon abfence, tout ce qui lui eft prefcrit par le préfent règlement fera exécuté par le chirurgien-major.

TITRE VINGT-SEPTIE'ME.

Du Chirurgien-major.

ARTICLE PREMIER.

L E chirurgien-major eft & fera le chef de tous les chirur-giens, aide-majors & garçons chirurgiens de l'hôpital, qui feront tenus de lui obéir comme à leur fupérieur, en tout ce qui concerne fon art & le fervice.

I I.

I L ne fera admis dans l'hôpital pour le fervice des mala-des ou bleffés, aucun garçon chirurgien qui n'ait été aupa-ravant bien examiné par le chirurgien-major, qui vifitera auffi leurs inftrumens; ledit chirurgien devant être le maître de les congédier & changer, s'ils manquent de capacité & d'affiduité à leurs devoirs; ce qu'il ne pourra faire néanmoins fans le confentement du Commiffaire des guerres.

I I I.

I L ne fera permis au chirurgien-major de prendre pour garçon chirurgien un apprentif, dans la vûe de lui faire faire apprentiffage, ou par recommandation.

I V.

L E chirurgien-major obligera tous les garçons chirur-giens de coucher à l'hôpital; & s'il y eft logé lui-même, il fera une ronde toutes les nuits dans leur chambre, pour s'affûrer qu'ils y font, ou en chargera un aide-major en fa place.

V.

IL se conformera au surplus dans ses fonctions, à ce qui lui est prescrit par les articles du présent règlement.

TITRE VINGT-HUITIEME.

Des Chirurgiens - aide - majors, & Sous - aide- majors.

ARTICLE PREMIER.

LE chirurgien-major partagera le soin des salles de l'hôpital entre les chirurgiens-aide-majors & sous-aide-majors s'il y en a, eu égard à la qualité des maladies ou blessures, & à leur habileté dans leur art.

II.

LES chirurgiens-sous-aide-majors, s'il y en a, seront tenus d'obéir aux aide-majors lorsqu'ils se trouveront placez par le chirurgien-major dans la même salle, à l'exception cependant des cas où le major auroit donné des ordres contraires à ceux de l'aide-major.

III.

LES garçons chirurgiens attachez à chaque salle, obéiront aux aide-majors & sous-aide-majors s'il y en a; & en cas de contrariété, exécuteront toûjours ce qui leur sera prescrit par le chirurgien supérieur en grade.

IV.

EN cas d'absence ou de maladie du chirurgien-major, & jusqu'à ce qu'autrement y ait été pourvû, il sera remplacé dans toutes ses fonctions par le chirurgien-aide-major le plus ancien.

TITRE VINGT-NEUVIEME.

Des Garçons chirurgiens.

ARTICLE PREMIER.

LE chirurgien-major commandera chaque jour un chirurgien de garde, qui, sous peine d'amende pour la
première

première fois, & d'être congédié pour la seconde, ne sortira pas de l'hôpital le jour de sa garde, pour être toûjours à portée de remédier aux accidens qui peuvent arriver en l'abfence du chirurgien-major ou aide-major, le jour & la nuit; pour vifiter les malades qui entrent, & les faire placer dans les falles qui leur font deftinées par rapport à la nature de leurs maladies, & ordonner les remédes qui leur font néceffaires; à quoi l'apothicaire fe conformera.

I I.

EN cas d'accidens graves & preffans, le chirurgien de garde envoyera avertir le médecin ou le chirurgien-major.

I I I.

LE chirurgien de garde tiendra la main à ce que les fenti-nelles & les infirmiers faffent leur devoir pour empêcher les défordres; & il aura la plus grande attention pour que les malades ou bleffés ne mangent aucun fruit ni autre chofe nui-fible, & obfervent exactement le régime qui leur eft prefcrit.

I V.

FAIT Sa Majefté défenfes à tous chirurgiens, d'emporter hors de l'hôpital aucuns charpis, bandes, emplâtres & autres chofes appartenantes audit hôpital, à peine de dix livres d'amende pour la première fois, & d'être congédiez en cas de récidive.

V.

LES garçons chirurgiens feront nourris dans l'hôpital, à la même portion fixée pour les Soldats, Cavaliers & Dra-gons, & les journées de leur nourriture feront payées & employées dans les états de dépenfe fur le même pied. Leur fait Sa Majefté défenfes d'emporter leurs portions hors de l'hôpital pour les aller confommer dans les cabarets ou ailleurs, à peine de trois livres d'amende, & de plus grande en cas de récidive.

V I.

TOUT garçon chirurgien qui fera forti de l'hôpital fans permiffion, ou qui, en étant forti avec permiffion, y ren-trera ivre, fera mis fur le champ en prifon, & condamné

P

en quatre livres d'amende pour la première fois, & en cas
de récidive fera chaffé de l'hôpital.

V I I.

Tout chirurgien qui fera convaincu d'avoir retranché
ou fait retrancher quelque chofe de la portion d'un malade
ou bleffé, pour en augmenter la fienne, fera condamné
pour la première fois en dix livres d'amende, & pour la
feconde fera chaffé de l'hôpital fans efpérance d'y pouvoir
rentrer, ni dans aucun autre de ceux du Roy.

V I I I.

Les garçons chirurgiens qui auront vendu des alimens
aux malades ou bleffés, feront mis fur le champ en prifon,
& condamnez en dix livres d'amende, & en cas de récidive
feront chaffez de l'hôpital.

I X.

Tout garçon chirurgien convaincu de vol, friponnerie,
ou malverfation, fera châtié févèrement pour l'exemple, &
même livré à la juftice fi le cas le requiert.

X.

Les gages de chaque garçon chirurgien, indépendamment de la nourriture, feront & demeureront fixez à raifon
de quinze livres par mois, & feront à la charge des entrepreneurs.

X I.

Les garçons chirurgiens qui tomberont malades au fervice des malades & bleffés, feront traitez dans l'hôpital fur
le même pied que les Soldats, Cavaliers & Dragons, mais
audit cas leur traitement fera en entier à la charge de l'entrepreneur.

X I I.

Fait Sa Majefté défenfes aux entrepreneurs ou leurs
directeurs, de renvoyer aucun garçon chirurgien malade
ou fufpect de maladie, qu'après fa guérifon, & du confentement du Commiffaire des guerres.

X I I I.

Enjoint au furplus Sa Majefté à tous garçons chirurgiens de se conformer aux articles du présent règlement, en ce qui les concerne, & aux peines y portées.

X I V.

LE nombre de garçons chirurgiens dans chaque hôpital, sera fixé à un pour cinquante malades, un pour quinze blessés, & un pour dix Soldats, Cavaliers, Dragons, ou autres attaquez du mal vénérien, & au dessous.

TITRE TRENTIÈME.

Des Apothicaires.

ARTICLE PREMIER.

L'APOTHICAIRE en chef ou major, les aide-majors, sous-aide-majors s'il y en a, & garcons apothicaires, se conformeront aux ordonnances du médecin & du chirurgien-major.

I I.

VEUT & entend Sa Majesté, que tout ce qui a été ordonné dans les titres précédens pour les chirurgiens-majors, aide-majors, sous-aide-majors s'il y en a, & garçons chirurgiens, soit exécuté par rapport aux apothicaires des mêmes grades.

I I I.

ENJOINT au surplus Sa Majesté à tous apothicaires, de quelque grade qu'ils puissent être, de se conformer aux articles du présent règlement, en ce qui les concerne, & aux peines y portées.

I V.

LE nombre de garçons apothicaires dans chaque hôpital, sera fixé à un pour cinquante malades ou blessés indistinctement.

TITRE TRENTE-UNIÈME.

Des Infirmiers.

ARTICLE PREMIER.

LE nombre des Infirmiers dans chaque hôpital sera fixé

à un pour vingt malades ou pour douze bleſſés, & un pour
dix Soldats, Cavaliers, Dragons ou autres attaquez du mal
vénérien, & au deſſous.

I I.

LES Infirmiers feront nourris dans l'hôpital, à la même
portion des Soldats, Cavaliers & Dragons, & les journées
de leur nourriture feront payées & employées dans les états
de dépenſe, fur le même pied : leur fait Sa Majeſté défenſes d'emporter leurs portions hors de l'hôpital, pour les aller
confommer dans les cabarets ou ailleurs, à peine de deux
livres d'amende, & de plus grande en cas de récidive.

I I I.

TOUT infirmier qui fera forti de l'hôpital fans permiſſion,
ou qui, étant forti avec permiſſion, y rentrera ivre, fera
mis fur le champ en priſon, & condamné en deux livres
d'amende pour la première fois, & en cas de récidive fera
chaſſé de l'hôpital.

I V.

LES infirmiers qui auront vendu des alimens aux malades
ou bleſſés, feront mis fur le champ en priſon, & condamnez
en ſix livres d'amende pour la première fois, & en cas de
récidive feront chaſſez de l'hôpital, fans eſpérance d'y
pouvoir rentrer ni dans aucun autre de ceux du Roy.

V.

TOUT infirmier qui fera convaincu d'avoir retranché
ou fait retrancher quelque choſe de la portion d'un malade
ou bleſſé, pour en augmenter la fienne, fera condamné
en ſix livres d'amende pour la première fois, & chaſſé de
l'hôpital en cas de récidive, fans eſpérance d'y pouvoir
rentrer ni dans aucun autre de ceux du Roy.

V I.

TOUT infirmier convaincu de vol, friponnerie ou mal-
verſation, fera châtié févèrement pour l'exemple, & même
livré à la juſtice fi le cas le requiert.

V I I.

LES gages de chaque infirmier, indépendamment de la
nourriture,

nourriture, feront & demeureront fixez à raifon de neuf livres par mois, & feront à la charge des entrepreneurs.

V I I I.

LES infirmiers qui tomberont malades au fervice des malades & bleffés, feront traitez dans l'hôpital fur le même pied que les Soldats, Cavaliers & Dragons, mais audit cas leur traitement fera en entier à la charge de l'entrepreneur.

I X.

FAIT Sa Majefté défenfes aux entrepreneurs ou leurs directeurs, de renvoyer aucun infirmier malade ou fufpect de maladie, qu'après fa guérifon & du confentement du Commiffaire des guerres.

X.

LES infirmiers rendront compte de tout ce qui fe paffera, tant de jour que de nuit, au Commiffaire des guerres, ou au contrôleur, afin qu'il puiffe en inftruire le Commiffaire des guerres.

X I.

IL fera commandé pour être de garde & veiller pendant la nuit dans chaque falle, un nombre fuffifant d'infirmiers, par proportion du nombre des malades; l'ordre à cet égard fera donné par le Commiffaire des guerres, ou, en fon abfence, par le contrôleur, de concert avec le médecin & le chirurgien-major.

X I I.

TOUT infirmier de garde pendant la nuit, qui fera furpris endormi, fera condamné en vingt fols d'amende, & celui qui aura abandonné la falle, fera chaffé.

X I I I.

TOUT infirmier qui fera convaincu d'avoir traité les malades ou bleffés avec négligence, dureté ou mépris, fera chaffé & châtié fur le champ, fuivant l'exigence du cas.

X I V.

ENJOINT au furplus Sa Majefté à tous infirmiers de fes hôpitaux, de fe conformer exactement à ce qui leur eft prefcrit par les articles du préfent règlement, & d'obéir

Q

aux ordres qui leur feront donnez par les Commiſſaires des guerres, contrôleurs, aumôniers, médecins & chirurgiens, chacun en ce qui les concerne.

TITRE TRENTE-DEUXIEME.

De l'aſſemblée des Officiers.

ARTICLE PREMIER.

LE premier jour de chaque mois il ſe fera une aſſemblée, où ſe trouveront le Commiſſaire des guerres, ou, en ſon abſence, le Major de la place, le contrôleur, l'aumônier, le médecin & le chirurgien-major, dans laquelle aſſemblée tous les aſſiſtans propoſeront tout ce qu'ils croiront convenable au bien du ſervice.

II.

LE médecin fera part à ladite aſſemblée, des obſervations qu'il aura faites touchant les différens genres de maladies qu'il aura traitées; & le chirurgien-major communiquera ſes réflexions ſur les plaies qu'il aura panſées, les opérations & ouvertures de cadavres qu'il aura faites. L'un & l'autre feront le détail le plus exact des maladies épidémiques, contagieuſes & extraordinaires, s'il en regne, & des remèdes qu'ils auront reconnus les plus efficaces pour parvenir à leur guériſon.

III.

ON examinera dans ladite aſſemblé, ſi les effets appartenans au Roy, ſont bien entretenus, ſi les portes, lits, vitres & ferrures ſont en bon état, afin que s'il y a quelque deſordre, on y remédie ſur le champ.

IV.

IL ſera enſuite dreſſé procès verbal de tout ce qui aura été propoſé & obſervé dans ladite aſſemblée, auquel procès verbal ſigneront leſdits Commiſſaire des guerres, ou Major de la place, le contrôleur, le médecin, l'aumônier & le chirurgien-major, & il en ſera envoyé une expédition au Secrétaire d'état ayant le département de la guerre, & une pareille à l'Intendant.

TITRE TRENTE-TROISIEME.

Des Inspecteurs des hôpitaux.

ARTICLE PREMIER.

LES Inspecteurs des hôpitaux nommez par Sa Majesté, Commissaires des guerres, médecins, chirurgiens ou autres, veilleront lors de leurs visites, chacun en ce qui les concerne, à l'exécution du présent règlement, dresseront des procès verbaux de l'état dans lequel ils auront trouvé lesdits hôpitaux, dans lesquels ils feront mention des abus & contraventions qu'ils auront découverts, ainsi que des ordres qu'ils auront donnez pour y remédier, & envoyeront deux expéditions de chaque procès verbal, une au Secrétaire d'état ayant le département de la guerre, & l'autre à l'Intendant.

I I.

L'INSPECTEUR, avant de sortir de l'hôpital pour passer dans un autre, laissera au Commissaire des guerres chargé de la police dudit hôpital, une note des ordres qu'il aura donnez, de laquelle le Commissaire lui donnera son reçu sur le double qui en sera fait.

I I I.

LES entrepreneurs, directeurs, contrôleurs, aumôniers, chirurgiens, apothicaires, & généralement tous les employés qui servent dans les hôpitaux, seront soûmis aux ordres & à la jurisdiction des Inspecteurs, lesquels ordres seront exécutez par provision & nonobstant tous autres ; pourvû néanmoins qu'ils ne soient pas contraires au présent règlement.

I V.

SI l'Inspecteur en faisant sa visite, trouve des délits graves, & des contraventions qui méritent châtiment, il pourra interdire & même faire arrêter les coupables, constater les faits par un procès verbal séparé, lors duquel il entendra les témoins qui en auront connoissance, & prendre s'il le juge nécessaire, un premier interrogatoire des accusés ; pour remettre ou envoyer ensuite le tout à l'Intendant du département, qui ordonnera ce qu'il jugera convenable, selon les circonstances & la qualité du délit : il adressera en même tems copie du tout au Secrétaire d'état ayant le département de la guerre.

V.

Si l'Inspecteur est Commissaire des guerres, il entrera dans tous les détails concernant la dépense des hôpitaux, & se fera représenter les registres, tant de l'entrepreneur ou directeur, que des autres officiers qui en doivent tenir suivant le présent règlement : comme aussi les états du mois précédent & autres antérieurs; fera dresser lesdits états s'ils ne l'ont pas été, & les arrêtera.

V I.

S'il arrive que les Inspecteurs se trouvent dans un hôpital au premier du mois, jour indiqué pour l'assemblée des officiers, conformément au titre précédent, non seulement ils y assisteront, mais ils pourront même à chaque visite, en convoquer une extraordinaire s'ils le jugent à propos, pour instruire les officiers en général des abus qu'ils auront observez, & les rappeller à leur devoir.

V I I.

Enjoint au surplus Sa Majesté aux Inspecteurs des hôpitaux, de se conformer aux articles du présent règlement, chacun en ce qui les concerne, de les faire exécuter dans le cours de leurs visites, & de remplir exactement tout ce qui leur est ou sera prescrit par les instructions particulières qui leur sont ou seront adressées par les ordres de Sa Majesté.

Mande & ordonne Sa Majesté aux Intendans de ses provinces, aux Commissaires des guerres, aux officiers de ses troupes, & à tous autres qu'il appartiendra, de se conformer au présent règlement, & de tenir la main à son exécution. Fait à Versailles, le premier janvier mil sept cens quarante-sept. *Signé* LOUIS. *Et plus bas,* M P. de Voyer d'Argenson.

TABLE

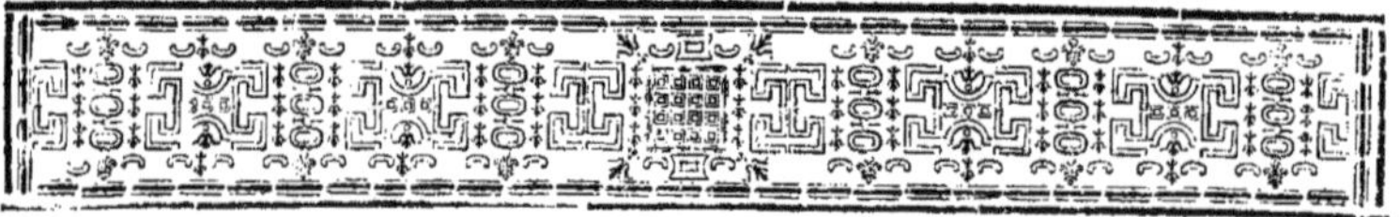

TABLE ALPHABÉTIQUE
DES MATIÈRES.

A

ALIMENS, Titre VIII, articles 1, 2, 3, 4, 5, 6, 7, 8, 9, 10, 11, 12, 13, 14, 15, 16, 17, 18, 19, 20, 21, 22. Tit. XV, art. 5. Tit. XXIX, art. 7, 8. Tit. XXXI, art. 4, 5.

APOTHICAIRES, Tit. V, art. 1, 6. Tit. VI, art. 4. Tit. IX, art. 1, 4, 5, 6, 7, 8, 9, 10. Tit. XXII, art. 2, 3. Tit. XXVI, art. 2. Tit. XXX, art. 1, 2, 3.

ASSEMBLÉE des Officiers, Tit. XXXII, art. 1, 2, 3, 4.

AUMOSNIERS, Tit. XVI, art. 1. Tit. XVIII, art. 3, 6, 7, 8, 9, 10, 11. Tit. XX, art. 3, 9, 10. Tit. XXII, art. 2. Tit. XXV, art. 1, 2, 3, 4. Tit. XXXI, art. 14. Tit. XXXII, art. 1, 4. Tit. XXXIII, art. 3.

B

BILLETS d'Entrée, Tit. I, art. 1, 2. Tit. II, art. 3. Tit. XIII, art. 2, 3. Tit. XIX, art. 2.

BONNETS. *Voyez* LINGES.

C

CAPITAINES, Tit. I, art. 1, 2, 12. Tit. XVII, art. 4, 12. Tit. XVIII, art. 9, 12. Tit. XIX, art. 2. Tit. XXI, art. 2.

CHEMISES. *Voyez* LINGES.

CHIRURGIENS-Majors des Hôpitaux, Tit. II, art. 4. Tit. V, art. 5, 6, 7. Tit. VI, art. 1, 2, 3, 4. Tit. VII, art. 1. Tit. VIII, art. 1, 9, 10, 11, 13, 17. Tit. IX, art. 1, 3, 4, 6, 7, 9, 11. Tit. X, art. 2, 3. Tit. XI, art. 1. Tit. XII, art. 1, 2. Tit. XIII, art. 2, 3. Tit. XIV, art. 9. Tit. XVII, art. 1, 5, 6, 7, 8, 9, 10, 11. Tit. XVIII, art. 5. Tit. XX, art. 3, 9, 10. Tit. XXII, art. 2. Tit. XXVI, art. 3. Tit. XXVII, art. 1, 2, 3, 4, 5. Tit. XXVIII, art. 1. Tit. XXX, art. 1. Tit. XXXI, art. 11, 14. Tit. XXXII, art. 1, 2, 4. Tit. XXXIII, art. 3.

R

D

E

F

G

H

I

L

V